승리자 그리스도

승리자 그리스도
: 세 가지 주요 속죄 개념에 관한 역사적 연구

2025년 3월 20일 초판 1쇄 발행

지음 구스타프 아울렌
옮김·펴냄 김지호

도서출판 100
전 화 070-4078-6078
팩 스 050-4373-1873
소재지 경기도 파주시 아동동
이메일 100@100book.co.kr
홈페이지 www.100book.co.kr
등록번호 제2016-000140호

ISBN 979-11-89092-56-6

Text by Gustaf Aulén.
Original edition published in English under the title
Christus Victor: An Historical Study of the Three Main Types of the Idea of the Atonement,
SPCK Classics by SPCK, A wholly owned subsidiary of The Society for Promoting Christian
Knowledge, London, England, UK.
This edition copyright © 1931 SPCK.

This Korean edition is published by arrangement of The Society for Promoting Christian
Knowledge through rMaeng2, Seoul, Republic of Korea.
This Korean edition © 2025 by 100 Publishing House, Paju-si, Republic of Korea.

논의 요약

런 용어를 사용함으로써 혼란을 초래했고, 그의 가르침이 라틴 유형에 속한다고 잘못 추정되었다. 그러나 이는 완전히 오해다.

일러두기

• 교부 인명·문헌명 표기는 《교부문헌용례집》(수원 가톨릭대학교출판부)을 따랐다.

• 주요 용어는 대개 관례를 따라 번역어를 선택하여 일률적으로 옮겼고, 원어(영역본의 용어)는 본문 이나 찾아보기에 병기하였다.

• 독자의 이해를 돕기 위해 옮긴이가 첨언한 부분은 다음과 같이 표시했다.

　내용 삽입: 〔 〕

　앞말 보충: 가운데 첨자

서문

1930년 웁살라 대학교에서 영향력 있는 강연을 통해 구스타프 아울렌은 속죄Atonement, 화합 개념의 역사가 이야기되는 방식에 도전을 가하고자 했고, 그 강의는 이 책《승리자 그리스도》로 출간되었다. 그가 심히 잘못된 해석이라고 진단한 것이 있었고, 그는 이를 바로잡기 위해 '전면적인 수정'을 제안했다. 아울렌이 제기한 도전은 매우 성공적이었다. 적어도 그가 옹호한 개념이 향후 그리스도교 신학의 주요 특징으로 받아들여지도록 쐐기를 박았다는 점에서는 확실히 그렇다. 이 책은 현대의 고전이 되었고, 짧고 명확하면서도 논란거리였기에 한층 더 영향력 있었다.

그리스도교 신학은 모두 경전과 전통의 복원에 관여해야겠지만, 과거를 순수하게 복원한다고 주장하는 책이 이렇게 현대에 영향력을 미치는 경우는 드물다. 신약성경에 뿌리를 두었으며 초기 교회에서 지배적이었다가 마르틴 루터가 되찾아서 풍성하게 한 속죄 개념을 회복하는 일, 아울렌이 하겠다고 나선 일은 이게 전부다. 이는 익숙한 텍스트를 다시 읽도록 자극하는 도발적인 재해석이다. 그러나 이는 결코 역사적으로만 중요한 의미가 있는 게 아니다. 아울렌은 이것이 오늘날 그리스도교의 구원이 이해되고 경험되는 방식 전체에 함의하는 바가 있음을 보여 준다.

이 짧은 책이 그토록 큰 영향을 미친 이유는 무엇일까? 이 책은 예수 그리스도의 실천적 의미에 관한 생생하고 강렬한 설명을 제시한다. 즉, 예수님의 죽음, 부활, 승천으로, 그리고 성령을 주심으로 하나님께서 어떤 일을 하셨다는 것인데, 이 일이 인간 역사를 바꾸었고, 죄, 고통, 악, 죽음의 문제를 뿌리까지 파고들었으며, 끔찍한 인간 실존의 현실 가운데 확신에 찬 믿음과 소망의 삶을 가능하게 했다는 것이다. 이 책은 그리스도교의 핵심 이야기를 완전히 드라마적인 면에서 독창적으로 다시 풀어낸다. 그리고 이 책이 제기하는 다른 속죄 개념들에 대한 주된 비판은 다른 개념들이 예수 그리스도 안에서 하나님의 이 드라마적인 승리를 제대로 다루지 않았다는 것이다.

이 드라마는 강조할 가치가 있다. 아울렌은 성경의 드라마를 합리적 체계에 맞추려는 시도를 깊이 비판한다. 그는 주요 대안들(안셀무스의 객관적 이론과 아벨라르두스의 주관적 이론으로 대표되는 대안들)이 이러한 시도를 한다고 본다. 그는 하나님과 악의 신비를 일련의 깔끔한 개념으로 설명하거나 이해하기 쉽게 순화해서는 안 된다고 주장한다. 그는 역설을 즐길 줄 아는 사람이다. 그는 우리를 핵심 사건들로,

그리고 그 사건들의 중심인물인 예수 그리스도께로 다시 인도하고, 어둠과 빛이 환원 불가능하게 조합된 그 사건들 속에서 그 사건들과 씨름하도록 몰아붙인다.

아울렌은 결코 이 강연을 마침표 삼으려 하지 않았고, 또한 철두철미한 역사적 연구로 여기지도 않았다. 이 강연은 여러 면에서 감질나고 미완성이다. 이 강연의 성경적 근거는 세세하지 못하다. 희생이라는 주제는 아마도 가장 발전이 필요한 주제일 것이다. 이사야 53장의 고난받는 종은 어디에 있는가? 요한복음의 풍부한 원천은 그의 핵심 주제와 어떤 관련이 있는가? 등등. 게다가 후대의 전통에는 그의 논지를 보강하거나 의문시할 수 있는 풍성한 자원이 있다 (그는 그가 부정한 것보다 긍정한 것에서 더 설득하려는 경향을 보였다). 그리고 루터의 속죄 신학에 관한 논쟁은 최근 몇 년 동안 격렬해졌다.

하지만 나는 이 모든 불충분함을 고려하더라도, 이 책이 출간된 후로 해가 거듭되면서 가치가 입증되었다고 본다. 아울렌이 직접적으로 큰 영향을 미치지 않은 곳에서도, 그가 발견한 생산적인 신학 접근 방식을 볼 수 있다. 그러한 접근 방식은 다양하게 결실을 거두었다. 20세기 후반의 가장 포괄적인 신학 중 딱 두 가지만 살펴보더라도 아울렌이 올바른 길을 가고 있었다는 확실한 흔적을 발견하게 된다. 바로 "하나님의 드라마"theo-drama에 관한 한스 우르스 폰 발타사르의 대작과 칼 바르트의 《교회교의학》 마지막 완결인 IV/3권이 그렇다. 그의 속죄 논의의 최고음이 IV/3권의 "예수는 승리자이다"라는 제목의 섹션에 울려 퍼진다.

고전을 다시 읽는 것은 매우 좋은 습관이며, 언제나 신선한 생각을 불러일으키고 본질을 상기시킨다. 나는 이번에 아울렌과 함께하면서 그의 논지가 십자가 처형에만 초점을 맞추고 있는 것이 아니라는 사실에 새삼 놀랐다. 내가 기억했던 것보다 더 충분하고 더 풍요로웠다─완전히 성육신적이었고, 부활과 오순절에 깊은 관심을 두고 있었으며, 무엇보다도 살아 계신 예수 그리스도께 초점을 맞추고 있었다.

데이비드 F. 포드
케임브리지 대학교
신학 흠정교수

보급판 머리말

《승리자 그리스도》의 핵심 아이디어는 하나님과 하나님 나라가 인류를 파괴하는 악한 세력들에 맞서 싸운다고 보는 견해다. 그리스도는 이 드라마에서 핵심 역할을 하신다.《승리자 그리스도》라는 제목은 그 역할을 나타내는 결정적인 표현이다. 아마도 오늘날 신학이 처한 상황에서는 이 책이 처음 나왔을 때보다 이러한 관점 — 승리의 관점 — 을 강조하는 일이 훨씬 더 필요할지도 모르겠다.

일부 비평가들은 이 책이 그리스도의 인성의 중요성을 충분히 강조하지 않았다고 느낀다. 나는 그럴 의도가 전혀 없었다. 그리스도의 사역은 — 스콜라 신학의 사유 방식과는 달리 — 신적인 것과 인간적인 것이라는 두 부분으로 나눌 수 없다. 그 사역은 단일한 사역이다. 다만 두 가지 측면에서 볼 수 있는 단일한 사역이다. 즉, 전적으로 인간의 사역이며, 그와 동시에 이 인간의 사역은 창조와 구원이라는 신의 사역이다.

또 다른 비평가들, 특히 유럽 대륙의 비평가들은 내가 '라틴' 속죄 교리라고 부른 것을 내가 너무 모질게 다루었다고 생각했다. 하지만 나는 매우 짧게 윤곽만 설명했기 때문에, 이 교리를 일률적 관점에서 본 것보다 더 가치 있는 수정과 변형이 있는지 고려해 볼 수 없었다. 그럼에도 결정적인 문제는 명백한데, 이 교리가 합리성을 추구해 가면서 합리성에 맞춰지는 **구조**로 되어 있다는 것이다. 이 교리는 실제로 속죄에 관한 합리적 설명을 제시한다. 이러한 해석은 하나님 이미지와 관련하여 숙명적인 결과들로 이어진다. 사실 하나님 이미지는 내 책의 주요 관심사다. 이와 관련된 목표도 있는데, 다음과 같이 하나님을 우스꽝스럽게 묘사한 세 가지 그림을 드러내는 것이다. 악조차도 하나님께로부터 나온다는 숙명론의 하나님. 하나님의 자발적인 사랑에서 자발성을 삭제한 도덕주의의 하나님. 하나님의 사랑을 너무 당연하게 생각해서 사랑의 헌신과 노고를 간과하는 얄팍한 견해. 이런 유형의 신들과 관련해서는 '사신신학'死神神學, god-is-dead-theology이 우리에게 도움이 될 수도 있겠다—이 신학이 내린 사형 선고들이 효과가 있다면 말이다. 그렇다면 사신신학도 복음서의 살아 계신 하나님을 섬기는 작업이었으리라.

구스타프 아울렌

룬드

1968년 9월

영어 번역자 머리말

아울렌 박사는 룬드 대학교 조직신학 교수이며, 이 책은 그가 1930년 3월과 4월에 웁살라 대학교에서 한 울라우스 페트리 강연 Olaus Petri Lectures 을 번역한 것이다. 똑같은 강연을 1930년 독일에서도 했는데, 《그리스도교 속죄 사상의 세 가지 주요 형태》Die drei Haupttypen des christlichen Versöhnungsgedankens 라는 제목 아래 총 8개의 강연을 3개로 압축해서 했고, 《조직신학 저널》Zeitschrift für systematische Theologie (1930, pp. 501-538)에 출간되었다.

이 책은 엄밀히 말하면 역사 연구로, 속죄에 관한 신념이나 이론에 대해 개인적인 진술을 담고 있지 않다. 이 책의 중요하고도 독창적인 공헌은 '승리자 그리스도' Christus Victor 나 "하나님께서 그리스도 안에 계시사 세상을 자기와 화해하게 하시며" 같은 문구로 요약되는 속죄관을 강력하게 묘사했다는 점이다. 이 속죄관은 성육신을 속죄와 직접 연결시키고, 그리스도 안에서 인류를 악의 권세로부터 구출하신 분이 하나님 자신이라고 선포한다. 이러한 견해의 의미를 파악하면, 교부들의 가르침이 강력하고 명확하며 일관성 있는 한 덩어리로 눈에 들어오게 되며, 이 견해가 신약성경에서도 지배적이라는 점을 의심할 수 없게 된다. 따라서 이는 그리스도교의 전형적인 견해로 불릴 자격이 충분하다. 아울렌 박사의 표현을 빌리자면 '고전' 속죄 개념이다. 이는, 법 위반이라는 법정적 죄 개념에 기초하여 서방에서 발달했고 안셀무스가 최초로 명확히 정형화한 견해와 분명하게 구별되어야 한다. 그러한 견해는 속죄를 완전히 하나님의 일로 여기지 않고, 오히려 그리스도 안에서 사람이 사람의 죄를 변상하는 행위로 여기기 때문이다. 아울렌 박사는 루터가 고전 속죄 개념을 강력하게 힘주어 되살렸지만 루터의 후계자들이 법정적 견해로 되돌아가서 그것이 정통주의 개신교를 지배하게 되었다는 점을 보여 준다. 그리고 기존의 법정적 이론에 도전하며 생겨난 '주관적' 견해 또는 모범론을 취하는 신학자들이 고전 개념으로 돌아가지 않고, 오히려 더 멀리 벗어나서 인간 개선의 심리적 과정에 온 관심을 쏟았다는 점을 보여 준다. 아울렌 박사는 고전 속죄 개념이 다시 그 힘을 발휘하는 것을 보게 될 것이라는 희망적인 기대로 마친다. 있는 힘껏 자제해도 자신이 어떤 견해에 동조하는지는 숨길 수 없다.

오랫동안 막연히 더듬거렸던 것을 이 책이 명확히 활자로 드러냈다고 느낄 사람이 많을 것이다. 우리 중 상당수는 만족 이론이나 모범론적 설명들에 깊은 불만을 느껴 왔다. 우리는 속죄에 관한 '고전'

개념이 있음을 가물가물하게 알고 있었지만, 그 개념의 진정한 의미를 이해하지 못했고, 그 개념이 그리스도교 사상사에서 실제로 어떤 위치를 차지했는지 알 수 없었다. 우리는 이 개념을 설교에서 어렴풋이나마 전달해 보고자 했었다. 어느 스웨덴 교수가 웁살라에서 아울렌 박사의 강연을 들은 직후인 1930년 4월에 런던을 단기 방문하여, 성금요일과 부활절에 세 명의 설교자의 설교를 들었는데, 그때 세 사람 모두 승리자 그리스도를 주제로 설교했다는 사실은 정말 의미심장하다. 한 설교자는 회중교회 소속이었고 둘은 성공회 가톨릭Anglo-Catholic 소속이었다.

속죄에 관한 최근 영어 문헌에 대한 충분한 개관 같은 것을 제시하려 한다면, 이 책에 또 다른 장을 추가해야 할 것이다. 다만 간략히 말하자면, 래시덜 박사의 뱀턴 강연《그리스도교 신학에서 속죄 개념》*The Idea of the Atonement in Christian Theology*은 '주관적' 관점에 대한 고전적 표현 중 하나로 자리 잡았고, 반면《가톨릭적, 비판적 논문집》*Essays Catholic and Critical*에서 커크 박사는 본질적으로 안셀무스의 견해를 따르고 있다. 우리는 지금까지 영국 신학에서 성육신 개념이 두드러짐에도 불구하고 '고전' 속죄 개념에 대해서는 그저 우물쭈물했다. 하지만 이러한 일반화에는 적어도 한 가지 예외를 두어야 하는데, 바로 F. D. 모리스라는 위대한 이름이다. 모벌리의《속죄와 인격》*Atonement and Personality*처럼 영향력 있는 책도 정통적 경향이 강하긴 하지만, 그럼에도 '고전' 견해보다는 거의 '주관적' 견해에 더 가깝다. 왜냐하면 그 책의 모든 노력이 인간이 하나님께로 돌아가는 것에 대한 논의로 기울어져 있고,

속죄가 처음부터 끝까지 하나님의 일이라는 '고전' 개념의 신학적 근거를 명확하게 포착하지 못하기 때문이다.

여기서 우리는 성육신 교리가 아타나시우스 관점에서가 아니라, 일반적으로 생각하는 것보다 훨씬 흔하게 반†아리우스 관점에서 다루어진다는 점을 지적할 수 있다. '예수님은 하나님을 계시한다', '하나님은 예수님과 같다'는 식으로 성육신을 정의하고서는, 정말로 물어야 할 질문이 '하나님은 무엇을 하셨나?'라는 점을 간과한다면 전형적인 반아리우스주의다. 이 질문에 대한 답은 곧바로, 필연적으로 고전 속죄 개념으로 이어진다.

최근 신학 연구는 아울렌 박사의 주요 논점을 여러 방식으로 조명해 준다. 첫째, 우리 주님께서 자신이 메시아라는 점과 하나님 나라가 도래한다고 믿으셨다는 점에서—다시 말해 그리스도론에서—복음서 문제 전체의 열쇠를 찾는 방향으로 복음서 주해가 매우 결정적으로 전환되었다. 《그리스도의 신비》*Mysterium Christi*에 실린 에드윈 호스킨스 경의 논문은 시대의 징조다. 이러한 새로운 주해의 전반적 경향은 복음의 메시지가 애초에 "인간을 향한 하나님의 움직임"을 의미했고 새로운 윤리적 이상은 부차적일 뿐이라는 것이다.

둘째, 속죄에 관한 교부 관점과 중세 관점을 대비시킨 아울렌 박사의 스케치는 우리가 전례의 영역에서도 동일한 대조를 추적하게끔 한다. 성찬례가 속죄를 전례로 재현한 것이기 때문이다. 현재 룬드에서 아울렌 박사의 동료인 브릴리오트 박사는 자신의 책 《성찬의 신앙과 실천, 개신교와 가톨릭》*Eucharistic Faith and Practice, Evangelical and Catholic*

(SPCK, 1930)에서, 사람들의 성찬 교제가 핵심 특징이었던 초기 교회의 예식과, 사제 외에는 성찬 받는 사람이 거의 없었던 중세 예식을 다양한 측면에서 대조하여 제시한다. 또한 성사 관행의 변화는 통용되는 속죄 개념의 변화와 밀접하게 상응한다는 점도 제시한다. 마찬가지로 힉스 주교도 《희생의 충만함》*The Fullness of Sacrifice*에서 고대와 성경의 희생 개념이 어떻게 중세의 개념으로 대체되었는지 보여 준다. 중세의 희생 개념에서 희생sacrifice은 주로 희생 제사immolation를 의미한다. 여기서도 희생 개념의 축소가 속죄 개념의 변화와 밀접하게 관련됨을 볼 수 있다. 또한 마리아 라흐 수도원 원장 헤어베겐 박사도 《교회와 영혼》*Kirche und Seele*과 《그리스도교의 예술과 신비》*Christliche Kunst und Mysterium*[1]라는 두 권의 소책자에서, 초기 교회 시기의 종교와 중세의 종교를 유용하게 비교한다. 즉, 초기 교회에서는 그리스도교의 신비—즉, 구속과 성례전 모두—가 중심이었으나, 중세 교회에서는 성례전 원리를 상당히 상실했고 주로 개인주의적이고 심리적인 관심에 치우쳐서 현대의 주관주의가 도래할 길을 예비했다는 것이다. 그는 다양한 사례를 제시하는데, 아마도 그중 가장 흥미로운 것은 카타콤 벽화와 레오나르도 다빈치의 〈최후의 만찬〉 같은 작품을 대조한 것이다. 전자는 신비의 다양한 측면을 묘사하는 반면, 후자는 모든 관심이 심리적이며, 성례전을 제정하는 모습이 시야에서 깨끗하게 사라졌다.

---

[1]   베스트팔렌주 뮌스터에서 각각 1928년과 1929년에 Aschendorff에서 출간하였다.

셋째, 아울렌 박사가 루터에게 할당한 위치가 있는데, 이는 아마도 잉글랜드 독자들이 이 책에서 가장 놀랄 만한 특징일 것이다. 우리 중 일부는 루터라는 인물을 의혹과 반감의 시선으로 바라보는 데 익숙하다. 아마 우리에게는 루터 다음 세기의 루터교 정통에 비추어 루터를 해석하는 경향이 있었던 것 같다. 그러나 아울렌 박사는 루터와 루터교인이 얼마나 뚜렷하게 대조되는지 보여 준다.

이 마지막 성찰은 오늘날 그리스도교 세계가 직면한 가장 큰 문제, 곧 재연합의 문제를 새롭게 보는 데 도움이 될 것이다. 루터는 성례의 바벨론 포로와 교회의 바벨론 포로에 대해 이야기했다. 이 포로는 무엇인가? 그리고 교회는 이 포로 됨에서 아직 구출되지 않은 것일까?

이 책이 보여 주듯이, 확실히 종교개혁은 그저 폐습에 대한 저항이 아니라 훨씬 더 그 이상이었다. 종교개혁은 구원의 복음을 합리성 신학과 도덕주의 윤리에 얽매이게 한 지배적 제도에서 서방 그리스도교 세계를 구출하기 위한 노력이었다. 그리스도교는 하나의 제도가 되어 버렸고, 인간이 하나님께 이르는 길은 행위와 공로에 의한 칭의(義化)의 길로 해석되었다. 성 바울은 갈라디아 교인들에게 그리스도께서 그들을 종의 멍에에서 자유롭게 하셨다고 말했는데, 교회는 다시 종의 멍에를 메려 했다. 그래서 루터가 선포한 것이다. 루터는 하나님께서 자신에게 구출의 메시지를 주셨다고 전심으로 믿었다. 아마 그는 1520년에 하나님의 구출의 시간이 왔다고도 믿은 것 같다. 만일 그랬다면 그가 이런 환상에서 깨어나 환멸을 느끼기까지는 오래 걸리지 않은 것 같다. 이러한 관점에서 우리는 그가 '광신주의'라는 비난을 여기저기 빈정거리며 퍼부었던 일을 잘 이해할 수 있다. 그리고 아울렌 박사는 구속에 관한 이 핵심 교리와 관련하여 멜란히톤이 어떻게 사람들을 다시 이집트로 돌아가게 이끌었는지 보여 준다. 결국 개신교 교회들은 바벨론 포로에서 구출될 길을 찾지 못했다. 개신교 정통주의는 중세 스콜라주의만큼이나 율법주의적이었고, 그리스도교 세계는 전과 같이 절망적인 노예 상태였으며, 전보다 더 절망적으로 분열했다. 우리 시대에는 재연합이라는 큰 희망이 찾아왔지만, 재연합 운동은 가톨릭의 신앙과 직제 개념과 이에 대한 개신교의 개념을 화해시켜야 한다는 엄청난 어려움에 봉착해 있다.

그러나 속죄 개념의 역사에 관한 아울렌 박사의 해석은 이러한 상황에 정말로 빛을 비추어 준다. 아울렌 박사는 이 중요한 시점에 다음과 같은 점들을 보여 주었다. 신약성경과 초기 교회와 루터는 '고전' 견해를 취한다는 점에서 일치한다. 그러나 합리성에 맞춘 만족 교리의 신학은 (종교개혁의 분열을 촉발한) 중세와 (분열을 이어간) 종교개혁 이후 시대에 속한 이론이다. 그리고 합리성에 맞춘다는 점에서 마찬가지인 '주관적' 이론도 저 두 시기에 나타났으나 해결책을 제시하지는 못했다. 다시 말해, 만족 이론과 주관적 교리는 모두 교회의 포로기에 속한 것이지만, '고전' 속죄관은 진정으로 개신교적이면서 동시에 진정으로 가톨릭적이다.

그렇다면 재연합의 참된 희망은 바로 여기에 있다. 즉, '가톨릭'이

'개신교'를 이기거나 '개신교'가 '가톨릭'을 이기는 데 있지 않고, 둘 모두 쪼개지기 전의 반석으로 되돌아가는 데 있다. 이상적 종교 제도를 자처하는 가톨릭이나, 경직성과 부정성을 지닌 낡은 개신교나, 혹은 인간화된 현대주의적인 더 새로운 개신교에 기반하더라도 진정한 재연합은 이루어질 수 없다. 재연합은 그리스도교 세계의 모든 분파가 공동으로 복음적 evangelical, 개신교적이고 보편적 catholic, 가톨릭적인 옛 신앙을 재발견함으로써 이르게 될 것이다. 따라서 그리스도교의 왜곡과 편협함(그리스도교 세계의 모든 분파가 여기에 책임이 있다)에서 벗어나야 하나님의 구속의 복음에 이르게 되며, 진정으로 복음적인 보편교회의 풍성함에 이르게 될 것이다. 위에 있는 예루살렘은 어디에도 매여 있지 않고 우리 모두의 어머니이기 때문이다.

아울렌 박사는 스웨덴 교회에서 아마도 으뜸가는 교의 신학자일 것이고, 그의 이름은 유럽 대륙, 특히 네덜란드와 독일에서 잘 알려져 있다. 그는 여러 책을 썼는데, 그중 가장 중요한 책은 이제 3판까지 나온 가톨릭(보편적) 그리스도교 신앙에 관한 책(*Den allmänneliga kristna tron*, Stockholm, 1923)과 그리스도교의 하나님 개념에 관한 책(*Den kristna gudsbilden*, Stockholm, 1927)이다. 속죄에 관한 이 강연은 Svenska kyrkans diakonistyrelses bokforlag에서 1930년에 *Den kristna försoningstanken*(그리스도교의 속죄 개념)이라는 제목으로 출간되었다. 따라서 영어판 제목《승리자 그리스도》*Christus Victor*는 엄밀히 말하면 전체를 대표하는 한 부분이다. 부제목은 앞서 언급한, 이 강연의 독일어판 제목에서 가져온 것이다.

이 영어판은 원래의 강연 내용 전체를 포함하지만, 강연을 구어체에서 문어체로 바꾸기 위해 어느 정도 축약이 필요했다. 아울렌 박사는 이 영어판을 전체적으로 수정하고 몇 가지 작은 내용을 추가하였다.

A. G. 허버트, S.S.M.
켈헴, 뉴어크,
1931년 6월

1

문제와 그에 대한 답변들

나는 그리스도교 교리사를 연구하다 보니, 속죄 개념의 역사에 관한 전통적 설명에 철저한 수정이 필요하다는 확신이 점점 깊어졌다. 이 주제는 실제로 많은 신학자의 손을 거치며 관심을 받아 왔지만, 여러 중요한 면들이 심각하게 잘못 해석되었다. 나는 절실히 개정이 필요한 이 주제에 조금이라도 이바지하기를 바라며, 이 연구 작업에 착수했다.

1. 전통적 설명

먼저 일반적으로 통용되는 견해를 따라 속죄 개념의 역사를 간략히 살펴보자.

초기 교회에는 정확히 속죄로 불리는 교리가 개발되지 않았다고
한다. 교부 시대에는 주로 그리스도론과 삼위일체 교리에 관심을 두
고 있어서 신학적 공헌이 그쪽에 있었다. 속죄와 관련해서는 다양한
노선에서 소극적인 노력만 있었을 뿐이다. 속죄 개념이 표현되더라
도 대개 공상적이고 신화적인 옷을 입고 있었다. 캔터베리의 안셀무
스에게 이르러서야 깊은 숙고를 거친 속죄 교리가 시작된 것을 볼 수
있다. 따라서 안셀무스는 교의의 역사에서 가장 중요한 위치를 차지
하게 된다. 안셀무스는《왜 하나님은 인간이 되셨는가?》*Cur Deus homo?*, 한들
역간: 《인간이 되신 하나님》에서 만족 이론을 개발하였다. 이는 그리스도의 사역
을 마귀에 대한 승리로 보는 고대의 신화적 설명을 완전히 폐기하지
는 못했지만 압도했다. 그는 더 오래되고 더 '육체·물리적인'physical 구
원 개념 대신 죄책으로부터의 구출이라는 가르침을 제시했다. 그리
고 무엇보다도 그는 '객관적' 속죄를 분명하게 가르쳤다. 이에 따르면
하나님은 그리스도의 속죄和合 사역의 대상이시며, 하나님의 정의가
만족됨으로써 화해되신다. 당연한 말이지만, 안셀무스의 가르침이
전적으로 독창적이었다는 말은 아니다. 재료는 준비되어 있었고, 이
재료로 기념비적인 건물을 세운 사람이 바로 안셀무스다.

리츨은《칭의와 속죄에 관한 그리스도교 교리》*Die christliche Lehre von der
Rechtfertigung und Versöhnung*에서 앞서 설명한 견해를 전형적으로 표현하였
다. 이 책에는 역사적으로 아주 상세히 탐구한 섹션이 있는데, "그리
스 교회의 구원 교리"의 특정 측면을 소개하는 장으로 시작한다. 여
기서 Erlösung, 즉 '구원'이라는 용어가 사용된 것은 그가 볼 때 엄밀

한 의미의 속죄 교리의 역사가 아직 시작되지 않았음을 나타낸다. 그리고 이 장 바로 뒤에 "안셀무스와 아벨라르두스의 그리스도를 통한 속죄 개념"이라는 제목의 장이 이어진다.

안셀무스와 아벨라르두스의 이름을 나란히 쓴 것도 전형적이다. 이 두 사람은 각각 속죄에 관한 '객관적' 교리와 '주관적' 교리를 창안한 것으로 흔히 대비된다. 주관적 교리라는 말은 속죄가 본질적으로 하나님 편에서의 태도 변화보다 사람 안에서 일어난 변화에 있다고 설명하는 교리를 일컫는 데 사용된다.

이어지는 교리 역사에, 안셀무스로부터 중세 스콜라주의와 종교개혁을 거쳐 17세기 개신교 '정통주의'에 이르는 연속적인 흐름이 있다고 여겨진다. 그렇다고 안셀무스의 가르침이 단순히 반복되었다는 의미는 아니다. 왜냐하면 토마스 아퀴나스와 유명론자는 서로 견해가 다르고, 종교개혁 이후의 교리 진술들도 그 고유의 특성이 있기 때문이다. 그럼에도 전통의 연속성이 있으며, 이 전통의 기반은 안셀무스가 닦아 놓은 것이다. 여기서 유념할 점은 이러한 줄거리에 종교개혁이 포함된다는 것, 하지만 루터가 특별히 공헌한 것은 없으며 그는 본질적으로 안셀무스의 전통을 따르고 있다는 것이다. 이는 자명한 것으로 다루어진다. 하지만 이러한 전통에 반대하는 저자들은 루터의 사상 세계에서 해결되지 않은 모순을 기꺼이 그대로 수용한다. 루터가 변경을 가하지 않은 '중세의 속죄 교리'와, 그의 종교개혁 활동 및 이신칭의 가르침에 영감을 준 '종교관'이 서로 상충하지만, 조화시키려 하지 않고 수용한다.

마지막으로, 전통적인 설명에 따르면 지난 두 세기는 '객관적'과 '주관적'으로 구분되는 두 유형의 공존과 다툼으로 점철된다. 주관적 유형은 아벨라르두스와 연결되고, 소치니주의 같은 몇몇 다른 운동과도 이래저래 연결된다. 그러나 주관적 유형이 힘을 얻은 것은 계몽주의 시대다. 19세기는 이 견해와 잔존한 '객관적' 교리의 충돌, 그리고 다양한 절충으로 특징지어진다. 리츨의 경우 계몽주의 시대를 '객관적' 교리의 Zersetzung 시대, 즉 붕괴 시대로 간주하고, "슐라이어마허와 그의 제자들에 의한 아벨라르두스식 교리의 부흥"이라는 제목으로 한 장을 할애한다. 당연히 두 유형 모두 신약성경에서 근거를 찾을 수 있다. 개신교 정통주의 전통을 (수정하든 안 하든) 사수하고자 하는 사람들은 객관적 속죄 이론의 '성경적 근거'를 강력하게 주장했다. 다른 쪽에서는 '교회 교리'라는 이름이 쉽게 붙은 가르침을 방어하는 용도로 신약성경이 사용될 수 없음을 보여 주고자 했다. 이 논쟁에서 성경 주해는 오랫동안 잔인한 고통을 겪었다.

이것이 속죄 교리의 역사에 관한 일반적 설명이다. 그러나 우리는 이것이 만족스러운지에 대해 의문을 품을 수 있다.

2. '고전' 속죄 개념

이 문제를 이런 식으로 설명함으로써 완전히 무시되거나 매우 불공평하게 다루어지는 속죄 개념 유형이 있다. 그런데 이 유형을 덮어

두면 전체 관점이 왜곡되고 심각하게 오도된 형태의 역사를 낳는다. 잠정적으로 이러한 유형의 견해를 '드라마적' 관점이라고 기술할 수 있을 것이다. 이 견해의 핵심 주제는 신적 싸움과 승리로서의 속죄 개념이다. 그러니까 그리스도―승리자 그리스도―께서 세상의 악한 권세, 곧 인류를 종노릇시키고 고통스럽게 하는 '폭군'과 맞서 싸워 승리하시고, 그리스도 안에서 하나님께서 세상과 자신을 화해시키신다는 것이다. 여기서 두 가지를 특히 강조해야 한다. 첫째, 이것은 완전하고 적절한 의미에서 속죄 교리라는 점, 둘째, 이 속죄 개념은 그 고유의 명석판명한 특징이 있어서 다른 두 유형과는 매우 구분된다는 점이다.

첫째, 이 개념을 나중에 발전된 본격적인 속죄 교리와 대조적으로, 그저 구원 교리로만 불릴 수 있다고 여겨서는 안 된다. 확실히 이 개념은 구원 사역, 구원 드라마를 설명하고 있지만, 동시에 이 구원은 완전한 의미의 속죄이기도 하다. 왜냐하면 이는 하나님께서 세상을 자신과 화해시키시고 또한 화해되신 사역이기 때문이다. 이 개념은 이원론[1]을 바탕으로 한다. 하나님은 그리스도 안에서, 자기 뜻에

---

1   이 책에서 이원론(Dualism)이라는 단어가 어떤 의미로 사용되는지를 이 지점에서 단방에 설명하는 것이 좋을 듯하다. 여기서 이원론은 무한과 유한, 또는 정신과 물질 사이의 형이상학적 이원론이라는 의미에서 사용한 것이 아니다. 또한 조로아스터교와 마니교의 가르침에서 전형적으로 나타나는 선과 악 사이의 절대적 이원론도 아니다. 이들 가르침에서는 악을 선에 반대되는 영원한 원리로 다룬다. 여기서 이원론은 성경에 계속 나오는 의미로 사용한다. 즉, 하나님의 창조 세계에서 하나님의 뜻에 저항하는 것과 하나님 사이의 대립, 하나님께 맞서고자 하는 피조물의 반역과 신적인 사랑 사이의 대립이라는 의미로 사용한다. 이 이원론은 완전하고도 철저한 대립이지만, 절대적 이원론은 아니다. 성경의 관점에서 악은 영원한 존재가 아

대적하는 악한 세력들과의 싸움에서 승리를 거두시는 분으로 그려진다. 이것이 속죄를 구성하는데, 왜냐하면 이 드라마가 우주적 드라마이고, 적대 세력에 대한 승리는 하나님과 세상의 새로운 관계, 곧 화해의 관계를 가져오기 때문이다. 게다가 적대 세력은 모두의 심판자이신 하나님의 뜻에 사용된다고, 하나님 심판의 집행자라고 다소간 여겨지기 때문이다. 이러한 측면에서 볼 때, 반대 세력에 대한 승리는 하나님 자신의 화해로 간주된다. 즉, 하나님은 하나님이 자신과 세상을 화해시키시는 바로 그 행위로 화해되신다.

둘째, 속죄에 관한 이러한 '드라마적' 견해가 다른 두 유형과 뚜렷하게 구별되는 특별한 유형이라는 점을 확언해야 한다. 강연을 진행하면서 이 견해의 특성을 충분히 보여 주겠지만, 지금은 예비 단계로 윤곽만 그려 보자.

'드라마적' 유형과 소위 '객관적'이라 불리는 유형의 가장 두드러진 차이는 전자가 속죄 내지 화해 사역을 처음부터 끝까지 하나님 자신의 사역, 즉 **연속적인** 신적 사역으로 나타낸다는 사실에 있다. 반면 후자에 따르면, 속죄 행위는 실제로 하나님의 뜻에 그 기원을 두지만, 그 수행에 있어서는 그리스도께서 사람으로서, 사람을 대신하여 하나님께 드려지는 제물이므로 **불연속적인** 신적 사역으로 불릴 수 있다.

니기 때문이다. 18세기와 19세기에 지배적인 신학에서는 이 성경의 이원론 개념을 다른 두 유형과 혼동하는 경향이 있었고, 따라서 성경의 이원론 개념에서 벗어나서 이원론을 최소화하려는 노력이 있었다는 점을 나중에 보게 될 것이다(이 책 pp. 36-37, 92-93, p. 207 각주 2를 보라).

다른 한편으로 이 '드라마적' 유형이 '주관적' 유형과 극명한 대조를 이룬다는 점은 말할 것도 없다. 드라마적 유형은 오로지 인간에게 일어난 변화만을 제시하지도, 주로 인간에게 일어난 변화를 제시하지도 않는다. 드라마적 유형은 상황의 완전한 변화, 하나님과 세계 사이의 관계 변화, 또한 하나님 자신의 태도 변화를 묘사한다. 실제로 이 개념은 철저히 '객관적'이다. 속죄를 주로 개인으로서의 사람에게 영향을 미치는 것으로 여기지 않고 세상의 구원 드라마로 제시한다는 사실 때문에, 그 객관성이 한층 강조된다.

그러니까 '드라마적' 유형의 객관적 성격이 명확하고 확실하기 때문에, '객관적 속죄'라는 용어를 흔히 그렇게 불리는 견해에 쓰도록 배정하는 것은 속죄 개념의 역사를 명확히 이해하는 데 도움이 되지 않는다. 그렇게 정한다면 명확히 구별되어야 하는 두 견해가 혼동될 뿐이다. 따라서 나는 흔히 객관적이라 불리는 견해를 서방 라틴 토양에서 발생하고 발전했으므로 '라틴' 유형이라 칭할 것이다. 그리고 이 원론적-드라마적 견해를 속죄에 관한 '고전 개념'이라 칭할 것이다.

고전 개념은 실제로 그리스도교 교리의 역사에서 그 중요성을 과장하기 어려울 만큼 중요한 자리를 차지한다. 고전 개념은 다양한 형태로 표현되어서 그 모든 것이 똑같이 유익하지는 않지만, 초기 교회 시대를 통틀어 지배적인 속죄 개념이라는 점에는 논란의 여지가 없다. 또한 이 개념은 앞으로 내가 보여 주고자 하는 것처럼, 실제로 신약성경에서도 지배적인 개념이었다. 왜냐하면 초기 교회에서 갑자기 생겨난 것도 아니고 외부에서 유입된 수입 사상도 아니기 때문이다. 사실 그것은 그리스도교 역사에서 첫 천 년 동안 지배적인 속죄 개념이었다. 중세 시대에 이 개념은 교회의 신학적 가르침에서 점점 그 자리를 잃었지만, 교회의 경건한 언어와 예술에서는 여전히 살아남았다. 이 개념은 마르틴 루터가 그 어느 시기보다 강력하고 심오하게 표현하여 다시 우리 앞에 등장했고, 루터가 그리스도교 신앙을 표현할 때 중요한 부분을 이루었다. 따라서 **고전 그리스도교 속죄 개념**이라는 칭호를 얻을 권리가 충분하다. 그런데 이것이 사실인데도 이 유형을 충분히 고려하지 않는다면, 속죄 교리의 역사에 관한 그 어떤 설명도 심각한 오해로 이어지지 않을 수 없다.

3. 고전 속죄 개념이 무시된 이유들

실제로 교리 역사에서 그토록 중요한 자리를 차지했던 속죄관이 현대 신학자들에게 이토록 소홀히 다루어졌다는 점은 심각하게 다루어야 할 문제다. 이 문제는 단 몇 페이지에 충분히 설명하기에는 너무 복잡하지만, 그래도 개략적으로 답해 볼 필요가 있다.

(i) 첫 번째 이유는 18세기와 19세기 신학의 논쟁적인 배경에서 찾을 수 있다. 당시 교의 역사가는 모두 17세기 개신교 정통주의를 공격하거나 옹호하는 일에 관여했다. 역사적 교의 연구는 계몽주의 시대에 시작되었다. 계몽주의 신학자들은 정통주의의 공공연한 적이었고, 그들이 공격한 주요 대상은 바로 속죄에 관한 만족 이론이

었는데, 그들은 이를 그리스도교에 남아 있는 유대교의 잔재로 설명했다. 그래서 속죄에 대한 '객관적' 견해와 '주관적' 견해 사이의 논쟁이 시작되었고, 19세기까지 계속되었는데, 양측 모두 극도로 신랄하게 논쟁을 벌였다.

그러나 이 문제가 이런 식으로 제기되었다는 사실은 속죄 교리의 실제 역사를 공정하게 보는 데 거의 도움이 되지 않았다. 당시 분위기는 논쟁적이었고, 개신교 정통주의의 그림자가 시야 전체에 드리워져 있었으며, 초기 교리 발전 전체를 논쟁의 관점에서 판단했고, 논쟁자들은 그 범위 바깥의 것들에 대해서는 거의 관심을 기울이지 않았다. 정통주의 수호에 관여한 사람들은 '정통주의' 속죄 개념들을 어디에서나, 심지어 루터나 신약성경에서도 찾아냈다. 다른 쪽 사람들은 '주관적' 해석과 어울릴 수 있는 부분을 열심히 찾았다. 양측 모두 진정으로 자유롭게 판단하지 못했다.

(ii) 그래서 신학자들은 고전 속죄 개념과 라틴 견해를 혼동하는 경향을 보여 왔다. 그리스도 구속 사역의 의미에 대한 교부들의 해석은 일반적으로 속죄 이론의 미숙한 첫 출발점으로 취급되어 왔다. 캔터베리의 안셀무스가 완전하고 명확하게 표현하기 전 단계라는 것이다. 두 경우 모두 주제를 객관적으로 다루었다고 인식함에 따라 양쪽 관점에 본질적 차이가 없다는 추론이 뒤따라 나왔다. 그러므로 초기 교회 교부들이 중세 스콜라학자들이 원숙하게 완성한 이론에 그저 미숙한 첫 초안을 제시했을 뿐이라면, 교부들의 작업은 잠정적이고 임시적인 중요성만 있을 뿐이다. 이는 로마 가톨릭 신학자

J. 리비에르가 자신의 책《구속 교의》*Le dogme de la Rédemption*에서 명시적으로 주장한 내용이며, 19세기 로마 가톨릭 신학자와 개신교 교의 역사가 사이에서 일반적인 견해였다.

이처럼 고전 관점과 라틴 관점을 명확하게 구분하지 못하는 사태는 일련의 개념과 이미지를 공통으로 사용하기 때문에 더 쉽게 발생한다. 예를 들어, '희생'sacrifice이나 '대리'substitution 같은 용어가 나오거나 법적 절차의 유비가 사용될 때, 그것들은 보통 '객관적' 내지 '사법적' 속죄관—다시 말해, 라틴 유형—이 있음을 보여 주는 증거로 간주된다. 그러나 이러한 결론은 지나치게 성급하다. 실제로 이러한 문구나 이미지가 나오는 구절에는 매우 세심한 주의를 기울여야 한다. 왜냐하면 저자가 법적 유비를 사용한다고 해서 라틴 속죄관을 염두에 두고 있다고 단정할 수는 없기 때문이다. 이런 경우가 때때로 있을 수 있으며, 실제로 루터의 경우가 그랬다. 그는 라틴 관점의 특색이 가장 두드러지는 용어조차도, 이를테면 '만족'이나 '그리스도의 공로' 같은 용어조차도 기존의 맥락에서 떼어 내서 상당히 다른 의미로 사용한다.

따라서 속죄에 대해 사용된 언어를 주해할 때 매우 신중해야 한다. 용어들의 의미가 일률적이지 않다. 정형화된 문구들도 그 의미가 변할 수 있다. 무엇보다도 성경에서 유래한 문구를 해석할 때, 작가의 마음속에 있는 속죄 개념과 관련지어 해석의 결론을 도출하기에 앞서, 최대한의 주의를 기울여야 한다.

(iii) 정통주의 신학을 옹호하는 보수 신학자나 이를 공격했던 '자

유주의' 신학자나 모두 고전 속죄 개념을 공감적으로 고찰할 마음이 들지 않았던 것은 자연스러운 일이다. 보수 쪽에서는 드라마적 관점을 평가 절하하는 경향이 있었다. 왜냐하면 앞서 살펴본 바와 같이, 드라마적 견해는 명확히 정립된 이론으로 발전하지 못했다. 따라서 신학 수준이 낮고, 명확하게 기술된 신학 체계가 아닌 그저 이미지나 상징적 표현만을 제공할 수 있다고 여겼다. 이러한 비판의 이면에는 신학의 본성에 관한 특정 견해가 깔려 있다. 즉, 그리스도교 신앙은 합리적 교리의 형태로 명확하게 표현되어야 한다는 암묵적 요구가 있다. 비록 공공연하게 이야기된 것은 아니지만, 안셀무스의 가르침이 더 큰 합리성을 지니고 있어서 그는 초기 교회 교부들보다 우월하다고 여겨졌다.

'자유주의' 학파 신학자들 역시 당연히 교부 가르침이 보통 표현되는 형식에 비판적인 성향이 있었다. 그들은 초기 교회가 그리스도의 구속 사역에 대해 사용한 '신화적' 언어와, 그리스도가 마귀를 이기거나 속이는 것을 실재하는 실상처럼 그려 내는 실재론적^{realistic} 이미지, 즉 대개 영락없이 기괴한 이미지를 극도로 싫어했다. 이런 이미지는 충격적인 색채로 묘사되었다. 따라서 드라마적 관점 전체에 '신화적'이라는 낙인이 찍혔다. 문제가 해결된 것이다. 교부들의 가르침은 가치가 낮고, 신학 유치원이나 신학 창고로 곧장 강등될 만했다. 이런 사례는 쉽게 찾아볼 수 있다. H. 래시덜은 자신의 책《그리스도교 신학에서 속죄 개념》에서 교부들의 가르침을 비교적 상세하게 다루면서, 마귀와의 거래에 관한 문구에 대해 열렬히 비판할 기회를 계속 찾는다. 그런 이론은 흉측하며 진지하게 여길 수 없다고 그는 말한다. 마찬가지로, A. E. N 히치콕은 《모던 처치맨》*The Modern Churchman* (Vol. xv, pp. 594 이하)에 실린 "속죄에 관한 현대적 탐구"A Modern Survey of the Atonement라는 논문에서, 네 가지 주요 이론을 구분하며, 초기 교회의 '몸값 이론'을 가장 낮게 평가했다. 이 이론의 핵심 발상은 하나님이 인류를 마귀의 권세에서 구하신다는 것인데, 그는 이 이론이 기괴하다며 거부한다. "우리는 사탄과 '거래하고 계신' 하나님을 상상할 수 없다"는 것이다. 이 같은 태도는 일반적이며, 대륙 신학자들에게서도 흔히 볼 수 있다. 루터의 속죄 사상에 나타나는 드라마적 개념에 관한 리츨의 말만 떠올려 보아도 알 수 있다. 그리스도와 악의 세력의 싸움에 관한 루터의 언어에 대해, 그는 "이것은 중세 신학과 비교할 때 아무런 개선점이 없다"는 판단을 내린다.[2] 우리는 그가 여기서 안셀무스의 만족 이론을 언급하며 가장 낮게 평가했던 것을 안다.

이 모든 비판의 특징은 교의 역사가들이 했던 분석이 겉으로 보이는 것보다 더 깊지 않다는 것이다. 겉으로 보이는 형식을 넘어, 그 기저를 이루고 있는 사상을 파 보려는 진지한 시도가 없다.

(iv) 또 다른 더 깊은 이유도 있다. 이원론[3]은 18세기와 19세기 자유주의 개신교 신학에서 인기가 없었는데, 고전 속죄 개념은 이원론적이고 드라마적이다. 이원론을 바탕으로 속죄의 드라마를 그린다.

---

2   Albrecht Ritschl, *Die christliche Lehre von der Rechtfertigung und Versöhnung*, I, p. 224.
3   이 책 p. 29 각주 1을 보라.

여기서 이원론이 제거되면, 하나님을 적대하는 세력들의 존재를 생각할 수 없게 되고, 따라서 고전 견해의 기반이 사라진다. 계몽주의 시대부터 19세기까지 주도적인 신학은 이상주의적 형이상학의 영향 아래 있었고, 확실히 일원론적이고 진화적이었다. 그리스도교에 이원론적 요소가 들어설 자리가 없었고, 이러한 신학적 태도는 신약 시대와 교부 시대의 교의에 관한 역사 연구에 영향을 미쳤다.

당연히 어떤 역사가도 원시 그리스도교에 이원론적 요소가 있다는 점을 부인할 수 없었다. 하지만 이를 우연적이고 비본질적인 현상으로 취급하는 경향이 있었다. 계몽주의는 이원론에 악마적 신화라는 딱지를 붙이고, 예수님과 제자들이 당대 사고방식에 맞춰져 있었다는 이론으로 그 발생을 설명했다. 19세기는 특히 비교종교학의 관점에서 이원론 사상의 역사적 기원을 조사하고, 조로아스터교 영향의 흔적을 찾는 데 관심이 있었다.

이러한 역사적 연구는 그 자체로 흥미롭고 중요하다. 그러나 이 경우는 기원에 관한 역사적 연구가 그리스도교에서 이원론 사상의 위치, 의미, 가치에 관한 문제와 연결되었다. 그리고 그 밑바탕에는 이원론적 관점이 유대교와 초기 그리스도교 외부에서 들어온 요소이므로 무관한 것이니 치워 두어야 한다는 가정이 깔려 있었다. 다시 말해, 항상 엄격히 분리되어야 할 두 가지 물음, 즉 기원에 관한 물음과 가치에 관한 물음이 하나로 합쳐지고 있었다. 그 결과 원시 그리스도교에서 이원론적 요소의 역사적 중요성이 과소평가되었고, 우연히 추가된 비본질적인 것으로 간주되었다. 그러나 실제로 이원론은 원시 그리스도교에 필수적이고 필연적인 요소였고, 초기 교회에도 마찬가지다. 초기 그리스도교를 실상과 전혀 다른 것으로 표현하지 않고서는 이원론을 제거할 수 없다.

우리도 같은 실수를 하지 않는 것이 똑같이 중요하다. 따라서 나는 19세기 신학자들이 고전 속죄 개념에 대해 내린 가치 판단을 놓고 내가 그들을 비판하고 있다는 오명을 쓰지 않도록 경계하려 한다. 학문적 역사 분석은 가치 판단을 내리거나 가치 판단을 비판하는 것에 관심을 두지 않는다. 그래서 나의 목표는 단순히 속죄 교리의 실제 유형들을 분석하여 그 특성이 최대한 명확히 드러나도록 하고, 그리스도교 사상의 흐름에서 이러한 유형들이 실제로 발전한 모습을 손보는 것이다. 내가 19세기 신학자들을 비판한 이유는 그들이 고전 속죄 개념을 충분히 명확하게 파악하지 않았기 때문이며, 또한 교리사에서 그것의 실제 중요성을 충분히 고려하지도 않았기 때문이다. 그리고 나는 이러한 시각의 한계를 설명하는 데 도움이 될 만한 몇 가지 원인을 제시한 것이다.

4. 역사적 관점

속죄는 그리스도교 신학에서 절대적으로 중심적인 주제이며, 하나님의 본성이라는 주제와도 직접적으로 관련된다. 속죄에 관한 각각의 해석은 모두 그리스도교의 본질적 의미에 관한 몇몇 개념과 가장 밀접하게 연결되어 있고, 신의 본성에 관한 몇몇 개념을 반영한다. 실제로 모든 속죄론은 그 궁극적 근거를 하나님의 본성에 관한 몇몇 개념에 두고 있다. 속죄 교리의 역사는 일반적으로 그리스도교 사상 사에서 매우 중요한 부분이다. 따라서 사상사의 이 부분을 바탕으로 내린 판단, 그 갈등과 변화를 바탕으로 내린 판단은 그리스도교 역 사 전반의 의미와 관련하여 내리는 판단을 크게 좌우할 수밖에 없 다. 그러므로 우리가 주장하고 있는 논제는 매우 광범위한 쟁점을 건드리고 있음이 분명하다.

이 책에서 주장하는 역사관이 입증될 수 있다면, 교부 시대에 대 한 이해가 19세기 교의 역사가들이 제시했던 것과는 매우 달라질 것 이다. 교부 시대 자체에 대해서도, 신약성경과의 관계에 대해서도 매 우 다른 관점에서 보는 게 불가피해진다. 나는 하르낙의 위대한《교 의사》*History of Dogma*에 기념비적으로 표현되어 있는 초기 교회에 대한 해석이 앞으로 몇 년 안에 철저히 수정될 가능성이 크다고 본다. 루 터에 대한 우리의 해석은 지난 30년 동안 완전히 수정되었고, 그다 음으로 교부 시대 차례가 올 것이다. 교부 시대의 그리스도론은 '헬 레니즘 정신의 산물'로 해석되었고, 즉 그 성격이 지성주의적이며 형 이상학적이라고 여겨졌고, 또한 교부 시대의 구원 교리는 '본성주의 적'이라고 해석되었다. 내가 완전히 착각한 게 아니라면, 이러한 해 석은 교부들의 실제 저술을 객관적으로 편견 없이 분석한 것이 아니 라, 19세기 신학의 전제들을 바탕으로 이해한 것임이 분명해질 것이 다. 우리가 교부들의 속죄관에 부여한 성격이 실제로 맞다면, 교부들의 그리스도론이 순전히 형이상학적이라고 보고 교부들의 구원 교리가 본성주의적이라고 보는 일반적인 견해는 유지될 수 없을 것이다. 또한 우리는 신약성경과 교부들 사이에 실제로 밀접한 관계가 있으며, 점점 발전하여 중세 스콜라주의에서 극에 달한 라틴 유형과 교부들 사이에는 본질적 차이가 있다고 제안했다.

또다시, 루터가 속죄 교리를 다룬 방식은 그리스도교 교리 역사 전반에서 그의 위치를 이해하는 데 중요한 빛을 던져 준다. 그리스도의 구속 사역에 관한 루터의 교리가 모든 본질적 측면에서 초기 교회의 견해와 일치한다는 게 사실이라면, 루터의 입장은 전형적인 라틴 견해와 날카롭게 대립하는 것이다. 속죄에 관한 루터의 가르침이 중세 안셀무스 전통의 가르침과 일맥상통한다고 가정하여, 루터의 속죄 교리와 그의 이신칭의 가르침 사이에 격렬한 대립이 있다고 가정하는 한, 루터가 라틴식 그리스도교와 근본적으로 결별했다고 볼 수 없음이 분명하다. 그러나 이제 루터의 관점은 훨씬 더 조화를 이루게 되었고, 특정하게 별개로 다룬 사안들에서뿐만 아니라 전반적으로 루터가 라틴식 그리스도교 해석에 도전했다는 것이 전보다 훨씬 더 분명해졌다.

이와 동시에, 신약성경 및 초기 교회의 고전 전통이라는 초기 형식들과 루터 사이에서 새로운 연결 고리를 찾는 것이 가능해진다. 이제 종교개혁을 그리스도의 보편교회 Catholic Church 에 대한 반란으로 취급하는 것이 그 어느 때보다 더욱 불가능해졌다. 복음적개신교적 신앙고백, 특히 아우크스부르크 신앙고백이 복음적 보편주의를 대표한다는 주장은 종교개혁자들 본인들이 이해했던 것보다 실제로 더 확고한 진리의 토대가 있었다.

만일 우리의 가설이 맞다면, 라틴 유형의 그리스도교 교리는 그리스도교 교의의 역사에서 실제로 곁가지로 드러날 것이다―물론 그 어마어마한 중요성과 영향력은 인정해야겠지만, 그럼에도 여전히 곁가지일 뿐이다. 또한 로마의 신학이 그리스도교 교리의 연속성을 대표한다는 자랑스러운 주장은 입증될 수 없을 것이다. 속죄 교리의 역사는 바로 이 핵심 지점에서 라틴 견해가 고전 그리스도교의 견해에서 명확히 벗어났음을 분명히 보여 준다. 교리 발전의 주요 노선은 안셀무스나 중세 스콜라학자들이 아니라 루터를 통해 연속적으로 이어진다.

2

이레네우스

이제 우리는 속죄 교리의 역사를 아주 광범위하게 개괄적으로 살펴보아야 한다. 우리는 교부들의 가르침을 출발점으로 삼을 것이며, 이 주제를 가장 이른 시기에 철저히 다룬 교부인 이레네우스를 어느 정도 자세히 연구하는 것으로 시작할 것이다.

이런 순서로 접근하는 방식은 의외일 수 있으나, 많은 장점이 있다. 속죄에 대한 모든 해석이 신약성경 본문으로 돌아가서 거기에 근거를 두고자 했기에, 선입견으로 자리 잡은 이론들과 무관하게 해당 본문을 읽기란 쉽지 않다. 반면 이레네우스의 가르침은 신약성경보다 100년 후의 것인데, 매우 명확해서 그 의미는 논란의 여지가 없다. 따라서 거기서 시작하는 것은 분명한 이점이 있다. 초기 교부들의 가르침은 사도 시대의 가르침을 비추는 중요한 빛이 될 수밖에 없다. 또한 일반적으로 말하는 것처럼, 역사를 거꾸로 읽고 이후 사상 발전이 이전 단계를 어떻게 조명해 주는지 보는 것은 종종 유용하다.

교부들 중 이레네우스를 우리의 출발점으로 선택한 것은 일반적인 근거들로 충분히 정당화될 수 있다. 이레네우스에게서 테르툴리아누스의 화려한 문체나, 클레멘스와 오리게네스의 철학적 박식함이나, 아우구스티누스의 종교적 깊이를 발견할 수 없다는 것은 사실이다. 그럼에도 모든 교부 중에서 그보다 더 철저히 대표성이 있는 전형적인 인물은 없으며, 이후 수 세기 동안 그리스도교 사상이 나아갈 노선을 정하는 데 그보다 더 많은 일을 한 사람은 없다. 그의 강점은 변증가들이나 알렉산드리아 교부들처럼 그리스도교에 대한 철학적 접근 방식을 따르지 않고, 그리스도교 신앙 자체의 핵심 사상을 단순하게 설명하는 데 전념했다는 것이다. 그래서 부세는 이레네우스에 대해, 동시대인들이나 직후 세대 사람들보다 더 명확하게 "사물의 미래 형태"[1]를 출범시킨 그 신학자이고, 그가 수집하여 단순하고 적절한 정형문구로 표현한 사상들의 풍부함과 다양성은 타의 추종을 불허하며, 이런 점에서 그는 2세기의 슐라이어마허로 불릴 수 있다고 썼다. 따라서 우리가 이레네우스를 선택한 것은 그가 신학에서 일반적으로 중요하다는 점과, 속죄와 구속에 관한 명확하고 포괄적인 가르침을 최초로 제공한 교부라는 확실한 사실에 근거하여 정당화될 수 있을 것이다. 대체로 짧은 사도 교부들의 저술은 이 주제를 상대적으로 부수적인 방식으로 다루고 있으며, 현재 남아

---

1   Wilhelm Bousset, "Die künftige Gestaltung der Dinge," *Kyrios Christos*, 3rd ed., p. 334.

있는 변증가들의 작품도 마찬가지다. 이는 물론 이 주제 자체의 중요성이 이 저자들에게 부차적이었음을 함의하는 것은 아니다. 하지만 이레네우스의 경우는 다르다. 속죄 개념이 그의 저술에 끊임없이 나오고, 항상 새로운 관점에서 신선하게 다루어진다. 그의 기본 사상 자체는 매우 명확하여 오해의 여지가 없으며, 다음 장에서 살펴보겠지만, 후대 사람들이 따라갈 길을 닦아 놓았다. 그래서 우리는 이레네우스를 진정한 출발점으로 삼으며 만족감을 느낄 수 있다.

1. 성육신의 목적

Ut quid enim descendebat?[2]라고 이레네우스는 묻는다. 즉, 그리스도께서 하늘로부터 내려오신 목적은 무엇인가? 이 물음에 대해 그가 제시하는 답이 그의 신학 전체의 열쇠가 될 것이다.

이레네우스의 구절들은 흔히 다음과 같은 의미로 인용된다. 그리스도께서 사람이 되신 것은 우리가 신이 되게 하려 하심이다. "우리는 썩지 않는 불멸과 연합하지 않고서는 썩지 않는 불멸에 이를 수 없다."[3] 의심할 여지 없이 이 말들은 그의 가르침의 중요한 측면을

---

2   이레네우스, 《이단 반박》 II.14.7. 이어지는 이레네우스 인용문은 하비(Harvey)의 판본이다.

3   이레네우스, 《이단 반박》 IV.33.4. Cf. "Quomodo enim homo transiet in Deum, si non Deus in hominem?"(하나님께서 인간 안으로 들어오시지 않는다면, 어떻게 인간이 하나님 안으로 들어갈 수 있겠는가?)(III.19.1).

담고 있다. 하지만 이 문제는 좀 더 면밀한 탐구가 요구된다.

개신교 자유주의학파 신학자들은 흔히 이레네우스의 가르침을 '본성주의적' 내지 '육체·물리적' 구원 교리로 해석해 왔다. 구원은 인간 본성에 '신성'―즉, 불멸―을 부여하는 것이고, 죄에서 구출된 다는 사상은 꽤 부차적인 자리를 차지한다는 것이다.[4] 불멸이라는 선물이 다름 아닌 성육신에 의존한다고 여겨지며, 신이 인간에게 들어옴으로써 인간 본성이 신적 미덕을 (이를테면) 자동으로 부여받아 그로써 부패로부터 구원되는 것이다. 따라서 이는 주로 속죄가 아니라 성육신에 관한 신학이며, 그리스도의 '사역'은 부차적인 위치를 차지한다. 그래서 하르낙은 이레네우스를 해석하며 다음과 같이 말한다. "그리스도의 사역은 신-인간이라는 그의 인격 구조 안에 포함되어 있다."[5] 성공회 가톨릭 작가들은 성육신에 대해 이와 다소 비슷한 견해를 드물지 않게 수용하고 지지해 왔다. 복음주의 학파 특유의 경건주의-정통주의적 속죄 교리에 의도적으로 반대하면서 말이다. 그리고 이렇게 경쟁하면서, 성육신을 강조한 것을 교부들에게 호소함으로써 정당화해 왔다.

만일 속죄에 대해 취할 수 있는 견해가 오로지 라틴 유형뿐이라면, 이렇게 속죄와 성육신을 대립시켜 보는 것은 충분히 이해할 만한 일이다. 왜냐하면 나중에 보겠지만, 라틴 교리는 항상 명시적으로든 암묵적으로든 성육신과 그리스도의 사역 사이의 대립을 포함하

---

4 Cf. Adolf Harnack, *History of Dogma*, E.T. II, 274.
5 Harnack, *History of Dogma*, E.T. II, 293.

고 있기 때문이다. 그러나 '고전' 속죄 개념을 마땅하게 고려한다면, 이러한 대립은 이내 무의미해진다. 왜냐하면 고전 관점에서 성육신과 속죄는 늘 서로 가장 가까운 관계에 있기 때문이다. 그리고 이레네우스의 다른 구절들은 우리가 언급한 해석이 그의 뜻을 심각하게 잘못 나타냈음을 보여 준다.

그렇다면 다시 질문해 보자. 그리스도께서 하늘로부터 내려오신 목적은 무엇인가? 그 대답은, "그가 죄를 멸하시고, 죽음을 이기시며, 사람에게 생명을 주기 위함이다."[6] 이 함축적인 진술 옆에, 여러 비슷한 구절 중 하나를 선택해서 함께 배치하면, 드라마적 개념이 더 상세하게 펼쳐질 것이다.

"인간은 생명을 얻도록 하나님에 의해 창조되었다. 이제 생명을 잃고, 뱀에게 해를 입어, 생명으로 돌아가지 못하고, 완전히 죽음에 버려진다면, 하나님이 패배하신 것이며, 뱀의 악의가 하나님의 뜻을 이긴 것이다. 그러나 우리가 말한 대로, 하나님은 무적이시며 또한 관대하시기에, 사람을 바로잡으시고 모든 사람을 시험하시는 데서 자신의 관대함을 보여 주셨다. 또한 두 번째 사람을 통해 강한 자를 결박하셨고, 그의 물건을 강탈하셨으며, 죽음을 멸하시고, 죽음에 종노릇하던 사람에게 생명을 가져다주셨다. 왜냐하면 아담이 마귀의 소유가 되었고, 마귀는 부당하게 속임수를 써서 아담을 자기 권세 아래 두었기 때문이다. 마귀는 그들이 하나님과

---

6   "Ut occideret quidem peccatum, evacuaret autem mortem, et vivificaret hominem"(이레네우스,《이단 반박》III.18.7).

같이 되리라 약속했으나, 이는 그의 능력 밖의 일이었고, 결국 그는 그들 안에 죽음을 작동시켰다. 사람을 사로잡았던 그는 스스로 하나님께 사로잡히게 되었고, 사로잡혔던 사람은 정죄의 속박에서 해방되었다."[7]

이 글 전반부에서, 이레네우스는 죄와 죽음이 인류의 적이라고 말한다. 후반부에서는 죽음 옆 혹은 뒤에 마귀의 모습이 등장한다. 핵심 사상은 분명하다. 그리스도의 사역은 무엇보다도 인류를 종노릇하게 하는 세력, 즉 죄, 죽음, 마귀에 대한 승리다. 이것들은 어느 정도 의인화되었다고 할 수 있지만, 어쨌든 객관적 세력이다. 그리스도의 승리는 새로운 상황을 창조하고, 그들의 통치를 끝내고, 그들의 지배에서 사람들을 해방한다.

그렇다면 그리스도의 사역 및 승리와 관련하여 성육신은 어떤 자리를 차지하는가? 성육신이 이레네우스 신학의 초석이라는 점은 참으로 사실이며, 근본적으로 중요하다. 그러나 모든 것이 구속 사역과 별개로 성육신에 달려 있다고 말하는 것은, 모든 것이 성육신과 별개로 구속 사역에 달려 있다고 말하는 것만큼이나 진실에서 벗어난 것이다. 이 둘을 대립시키는 것은 핵심을 완전히 놓친 것이다. 이레네우스의 사유에서 성육신은 속죄 사역에 필수적인 예비 단계다. 왜냐하면 오직 하나님만이 사람을 종노릇하게 하는 권세를 이길 수 있으시고, 사람은 무력하기 때문이다. 인간 구출 사역은 하나님 자신이

7　이레네우스, 《이단 반박》 III.23.1.

그리스도 안에서 성취하시는 것이다. 이것이 전체 개념의 중추다. 그는 이렇게 말한다. "하나님 말씀이 육신이 되신 것은 죽음을 파괴하고 인간에게 생명을 주시기 위해서다. 이는 우리가 죄 가운데 태어나 죽음의 지배하에 살며 죄에 매여 있었기 때문이다."[8]

따라서 '왜 하나님은 인간이 되셨는가?'Cur Deus homo? 물음에 대해 이레네우스가 제시한 답은 단순하고 명료하다. 안셀무스와 달리, 성육신과 속죄 사이에 분열의 흔적이 없다. 따라서 우리가 자연히 보게 되는 것은 그리스도를 일종의 중간적 존재로 다룸으로써 아버지와 아들 사이를 분리할 법한 모든 표현 형태를 그가 피한다는 점이다. 예를 들어, 변증가들은 때때로 그리스도를 δεύτερος θεός, 곧 둘째 하나님이라 부르기도 했다. 로고스 교리가 당시 그리스 철학에 비추어 해석되면 늘 그러한 문구를 사용하는 경향이 살며시 스며들었다. 그러나 이레네우스는 — 여기서 주류 교부 사상을 대표하는 사람은 — 이러한 철학적 영향력을 단호히 거부하는 태도를 보인다. 왜냐하면 그리스도 안에서 구속 사역을 성취하고 죄, 죽음, 마귀를 이기시는 분은 하나님 자신이시지, 다른 어떤 중간적 존재가 아니라는 것이 그에게 결정적으로 중요했기 때문이다. 그는 로고스라는 용어를 사용할 때 요한적인 의미로, "이 말씀은 곧 하나님 자신이시다"[9]라는 의미로 사용한다. 그는 결코 로고스를 하나님과 분리된 존재로 해석하지 않으며, 대개는 아들이라는 용어 사용을 선호하고, 로고스라는

---

8   이레네우스, 《사도적 가르침의 논증》 37.
9   "Verbum ipse Deus"(이레네우스, 《이단 반박》 II.13).

용어는 특수한 용도로 제한적으로 사용한다. 하나님 자신이 죄와 죽음의 이 세계에 들어오셨다는 것이 그의 일관된 가르침이다. "태초에 우리를 형성하셨고 우리 어머니의 태에서 우리를 형성하시는 하나님의 바로 그 손이 이후에 우리가 길을 잃었을 때 우리를 찾으셔서 잃은 양을 얻으시고 즐거워하시며 어깨 위에 메시고 생명의 양무리로 데려오셨다."[10]

그리스도 안에서 성취된 하나님의 승리는 이레네우스 사상의 중심에 자리하고 있으며, 총괄갱신recapitulatio의 핵심 요소를 형성한다. 총괄갱신은 그의 가장 포괄적인 신학 사상으로, 창조의 회복과 완성이다. 총괄갱신은 인간을 속박했던 원수들에 대한 그리스도의 승리로 끝나지 않고, 교회 안에서 성령의 사역으로 계속된다. 이 지점에서 이레네우스의 언어는 그의 교리가 '본성주의적'이라는 오명과는 너무 다르다. "하나님을 경외하고 그 아들의 강림을 믿으며 믿음으로 하나님의 영을 자기 마음에 모시는 자들은 영적이며 하나님을 향해 사는 자라 일컬어질 만하고 아버지의 영을 가진 자들이니, 아버지의 영은 사람을 깨끗하게 하시고 하나님의 생명에까지 높이신다."[11] 그러나 총괄갱신의 완성은 이생에서 실현되지 않는다. 이레네우스의 관점은 종말론적 성격이 강하며, 그에게 이생에서 성령이라는 선물은 미래의 영광을 보증하는 증거다. 하지만 적대 세력에 대한 그리스도의 승리가 창조의 회복과 완성―둘 다 수반하므로―과정에서

---

10   이레네우스, 《이단 반박》 V.15.2.
11   이레네우스, 《이단 반박》 V.9.2.

핵심적이자 결정적이라는 점은 여전히 사실이다. 이제 우리가 주목해야 할 것이 바로 이점이다.

2. 죄, 죽음, 마귀

먼저 이레네우스 사상에서 죄와 죽음 개념이 서로 어떤 관계에 있는지 물어야 한다. 우리는 그가 다른 동방 신학자들과 마찬가지로 죄를 상대적으로 덜 강조한다는 주장에 대해 이미 언급했다. 그가 구원을 용서라기보다는 생명 수여로, 죄에 대한 승리라기보다는 죽음에 대한 승리로 간주하기 때문이다.

　나는 이 주장이 상당히 오도된 것임을 보이고자 한다. 우선 불가리아 신학자 스테판 잔코프가 동방 교회를 다룬 훌륭한 소책자에서 쓴 말을 인용하려 한다.[12] 이 말은 주로 동방 교회에 관한 일반적 언급이지만, 이레네우스에게도 완전히 적용될 수 있다.

"무엇으로부터의 구원인가? 죄로부터, 아니면 죽음으로부터? 서방 신학자
　들은 이러한 대조를 좋아하며, 정교회가 죄 대신 죽음을 전면에 내세운다
　고 주장한다. 그러나 이는 거의 사실이 아니다. 정교회가 원죄를 첫 번째

12　Stephen Zankow, *Das orthodoxe Christentum des Ostens*. 다음 영역본에서 인용했다. *The Orthodox Eastern Church*, trans. by Donald A. Lowrie (London, 1929), pp. 49-50.

죄의 결과로, 죽음을 죄의 보상으로 생각하는 경향이 꽤 있는 것은 사실이다. 하지만 앞서 말했듯이, 이 둘은 경험적으로 서로 분리되지 않으며, 죄가 있는 곳에 죽음도 있고, 그 역도 마찬가지다. … 정교회에서 '왜 구원인가?'라는 질문은 매우 명확하다. 죄와 죽음으로부터 자유로워지기 위해서이며, 하나님과 사람 사이에 막힌 담을 헐기 위해서이며, 하나님과 내밀하고 완전한 친교로 들어가기 위해, 하나님과 하나 되기 위해서다."

잔코프는 최근의 여러 신학자 외에도 아타나시우스와 크리소스토무스의 이름을 언급한다. 그가 이레네우스를 똑같이 언급했어도 되었을 것인데, 이러한 죄와 죽음의 밀접한 연결이 특히 그의 특징이기 때문이다. 그렇다면 그의 가르침에서 이 둘 사이에 본질적인 대립이 있을 수 없으며, 그가 죄라는 악을 부차적으로 중요하게 생각했을 수는 없다.

이는 이중적 대조를 통해 설명될 수 있다. 첫째, 이레네우스는 죄가 단지 별개의 개별적 죄 행위에 불과한 도덕주의적 견해에 분명히 반대한다. 그는 오히려 항상 죄를 유기적으로 본다. 둘째, 다른 데서와 마찬가지로 여기서도 그는 영지주의 가르침과 공공연하게 대립한다. 영지주의는 죄의 자리를 물질과 몸에 두고, 따라서 인간 본성을 두 부분으로—죄로 가득한 낮은 자아와, 더 높은 영적인 자아로—나누었다. 이레네우스는 죄가 사람 전체에 영향을 미친다고 생각했다. 죄는 어떤 관점에서 볼 때는 객관적 힘이고, 사람은 그 힘에 속박되어 있어서 스스로 자유로워질 수 없다. 하지만 다른 관점에서 보면, 죄는 자발적이고 의도적인 것이며, 인간을 하나님과의 관계에서 채무자로 만든다.

"아버지의 빛에서 멀어져 타락하고 자유의 법을 어긴 자들은 자기 잘못으로 인해 타락한 것이다. 왜냐하면 그들은 자유롭게, 스스로 결정할 수 있게 지음받았기 때문이다. … 하나님께 복종하는 것은 영원한 안식이다. 따라서 빛에서 도망친 자들은 자기에게 마땅한 도피처를 얻고, 영원한 안식에서 도망친 자들은 자신의 도피에 걸맞은 거처에 이른다. 그러나 모든 선은 하나님 안에서 누릴 수 있으므로, 하나님으로부터 도망치는 쪽을 택한 자들은 모든 선한 것을 스스로 박탈한 것이다."[13]

이처럼 인류는 하나님 보시기에 죄가 있으며, 하나님과의 교제를 상실했다. 인간은

"하나님이 창조하셨으므로 본래 하나님의 자녀이었으나, 그들의 행위에 따르면 하나님의 자녀가 아니다. 사람들 가운데 불순종하는 자녀, 자기 부모가 의절한 자녀는 자연성에 따르면 사실 자녀이지만, 법적으로는 더 이상 친부모의 상속자가 아니기에 멀어진 것처럼, 하나님의 자녀도 마찬가지다. 하나님께 순종하지 않는 자녀는 하나님이 의절하셔서 하나님 자녀이기를 그치게 된다."[14]

---

13   이레네우스, 《이단 반박》 IV.39.3.
14   이레네우스, 《이단 반박》 IV.41.2, 3.

그러므로 인류와 하나님 사이에는 적대가 있다. 이 적대는 오직 속죄, 곧 화해reconciliatio를 통해서만 제거될 수 있다.[15] 하나님 편에서 이 적대는 사람에게 부과된 부패의 형벌로 표현되었는데, 이제 하나님이 직접 이 적대를 폐기하셨다. 하나님은

"사람을 긍휼히 여기셔서, 사람을 하나님과 원수로 만들려 했던 적대의 창시자에게 적대를 도로 퍼부으셨다. 하나님은 사람에 대한 적대를 거두셔서 뱀에게 도로 퍼부으셨다. 따라서 성경은 이렇게 말한다. '내가 너로 여자와 원수가 되게 하고, 네 후손도 여자의 후손과 원수가 되게 하리니, 여자의 후손은 네 머리를 상하게 할 것이요, 너는 그의 발꿈치를 상하게 할 것이니라.' 주님은 직접 사람이 되시고, 여자에게서 태어나 뱀의 머리를 상하게 하셔서, 이 적대를 자기 안에서 총괄갱신하셨다."[16]

이제 우리는 이레네우스의 사상에서 죄와 죽음이 어떻게 불가분하게 연결되어 있는지를 안다. 죄는 죽음을 수반한다. 하지만 본베취가 정당하게 말한 대로, 죄는 "죽음의 구성 요소"이기도 하다.[17] 죽음은 단지 필멸이자 불멸의 상실만이 아니다. 하나님께 대한 불순종이 **바로** 본질적으로 죽음이다. "하나님과의 교제는 생명과 빛이며, 하나

---

15 이레네우스, 《이단 반박》 V.14.3.
16 이레네우스, 《이단 반박》 IV.40.3.
17 G. N. Bonwetsch, "Ein Bestandtheil des Todes," *Die Theologie des Irenäus*, pp. 80-81.

님께 있는 좋은 것들을 누리는 것이다. 그러나 자발적으로 하나님을 반역한 자는 스스로 하나님과의 분리를 초래한 것이다. 하나님과의 분리는 곧 죽음이다."[18] 이 같은 구절은 이레네우스 사상에서 죄와 죽음의 연관성을 설명해 준다. 그는 두 용어를 어느 정도 상호 교환적으로 사용한다. 그가 죽음으로부터의 구원을 말할 때, 그가 생각한 것에는 죄의 상태로부터의 구원 개념이 포함되어 있다. 또한 그가 구원을 생명의 수여로 끊임없이 강조한 이유도 여기에 설명되어 있다. 그에게 생명은 주로 하나님과의 교제, 하나님의 생명에 참여하는 것을 의미하며, 따라서 죄로부터의 구출도 의미한다.

그러므로 이레네우스 사상에서 죄 개념이 본성주의적 구원 개념으로 인해 뒤로 밀려났다는 가정은 완전히 틀렸다. 오히려 이레네우스는 죄를 하나님으로부터 멀어진 상태로 보는 유기적 관점을 취하고 있으므로, 그가 도덕주의적 죄 개념이나 도덕주의적 구원 개념에서 벗어났다는 것이 진실이다. 우리는 이 모든 것에 있어 그가 결코 새로운 것을 구상한 게 아님을 다시 상기할 수 있다. 우리가 고찰 중인 사상은 이미 신약성경에, 특히 바울 서신과 요한 서신에 완전하고도 명료하게 표현되어 있다. 이 서신들에는 구원은 생명이라는 가장 확실한 진술이 있고, 이는 그리스도를 죄와 죽음에 대한 승리자로 보는 사상과 직접적으로 연결된다. 사실, 구원이 생명 부여라는 가르침은 사도적 그리스도교의 특징인 승리 분위기를 간직하는 비결이다.

18　이레네우스, 《이단 반박》 V.27.2.

이레네우스는 죄와 죽음 옆에 마귀를 배치한다. 그러나 "옆에"라는 문구는 그의 사상을 충분히 표현하지 못한다. 오히려 그가 이후 동방 신학자들처럼 이것에서 저것으로 시나브로 넘어간다고 하는 게 나을 것이다. 하지만 동시에, 어떤 의미에서는 그가 마귀를 죄와 죽음과 별개인 객관적 존재로 생각했다는 것도 분명 사실이다. 마귀는 죄와 죽음의 주인이다. 마귀는 인류를 속였다. 사람들은 마귀를 따랐기 때문에, 마귀의 권세 아래 떨어졌고, 따라서 심지어 마귀의 자녀로 불릴 수 있다. "하나님을 믿지 않고 하나님의 뜻을 행하지 않는 자들은 마귀의 일을 행하기 때문에 마귀의 자녀로, 혹은 마귀의 사자로 불린다."[19] 사람들은 그리스도의 승리를 통하지 않고서는 마귀의 지배에서 벗어날 수 없다. 이 승리는 특히 마귀에 대한 승리다. 왜냐하면 마귀는 자기 안에 악의 권세를 총괄하고 사람들을 죄로 이끌며 죽음의 권세를 가진 자로 여겨지기 때문이다. 이레네우스는 마귀를 반역자이자 강도로 묘사하는 구절에서 이렇게 말한다.

"만물의 창조주이신 하나님 말씀이 사람을 통해 그를 이기셨고, 그를 반역자로 낙인찍으셨으며, 그를 사람에게 복종하게 하셨다. 그 말씀이 이르시기를, 보라, 내가 너희에게 뱀과 전갈을 밟으며 원수의 모든 능력을 제어할 권능을 주노라."[20]

---

19   이레네우스, 《이단 반박》 IV.41.2.
20   이레네우스, 《이단 반박》 V.24.4.

그러나 이레네우스의 글에 그리스도께서 마귀를 이기신다는 생각이 자주 등장하긴 하지만, 이는 일부 후대 그리스 교부들처럼 그에게 지배적인 주제는 아니었다. 그들처럼 풍부한 이미지 같은 것으로 상세하게 표현하지 않았다. 특히 후대에 매우 흔해진 실재론적 이미지는 이레네우스의 글에서 거의 찾아볼 수 없다. 마귀를 속인다는 주제는 다른 일부 교부들이 몰두하는 주제가 되었지만, 이레네우스에게는 흔적 정도만 있을 뿐이다.

그런데 면밀히 주목해야 할 것이 하나 있다. 그리스도께서 마귀에게 거둔 승리에서 이레네우스가 정의의 요소를 발견하는 지점이다. 다음 구절이 특히 그렇다.

"전능하신 말씀이시며, 참 사람이시고, 자기 피로 우리를 합당하게(rationabiliter) 구속하시는 그분은 포로로 끌려간 이들을 위한 몸값으로 자신을 주셨다. 반역자는 우리를 부당하게 지배했고, 우리가 본래 전능하신 하나님께 속해 있을 때 본래성과 어긋나게 우리를 낚아채서 우리를 자기 제자 삼았다. 하지만 모든 것에 능하시고, 정의가 자기 것이므로 결코 정의가 부족하지 않으신 하나님 말씀은 반역자 자체에 대해서도 정의롭게 행동하셨다. 그리고 하나님이 목적하신 바를 폭력 사용이 아니라 설득으로 얻는 것이 적절하므로, 그분은 (반역자가 애당초 자기 소유 아닌 것을 폭력으로 탐욕스럽게 낚아챈 것과는 달리) 자기 소유였던 것을 폭력으로써가 아니라, 설득으로써(secundum suadelam) 구속하셨다. 정의를 조금도 침해하지 않고 하나님의 고대 창조물이 멸망에서 구원받을 수 있도록 하신 것이다."[21]

이레네우스가 여기서 속죄에 대한 '사법적' 교리를 제시하고 있다는 주장이 때때로 있지만, 이는 그의 의미를 완전히 오해한 것이다. 진짜 핵심은 오히려 다음과 같이 표현해야 한다. 이레네우스에게는 하나님의 구속 행위의 의로움을 표현하는 두 가지 다른 방식이 있었다. 첫 번째 방식을 따르면, 마귀는 사람에 대해 어떤 권리도 가질 수 없기에, 강도요 반역자이고, 폭군이요 강탈자이며, 자기에게 속하지 않은 것에 부당하게 손을 얹은 자다. 따라서 그가 패배하여 쫓겨나는 것이 정의 실현이다. 이레네우스가 이 점을 부단히 강조한 것은 마르키온 및 영지주의자들과 논쟁 중이었다는 사실로 설명된다. 그는 데미우르고스가 세계를 창조했다는 교리에 반대하며, 하나님이 사람을 창조하셨다는 사실로 인해 사람은 처음부터 하나님께 속했으며 구속의 하나님은 또한 창조의 하나님이시라고 힘써 주장한다.

그러나 동시에 이레네우스는 하나님의 구속 사역이 의롭다는 점도 나타낸다. 구속 사역에서 단순한 외적 강제나 무력을 사용하지 않고 전적으로 정의에 따라 행동하신다는 것을 보여 줌으로써 말이다. "하나님은 반역자마저도 정의를 따라 다루신다." 인간은 결국 죄 있는 존재이며, 자신을 마귀에게 팔았다. "설득"(secundum suadelam)에 관한 다소 모호한 언어 뒤에는 그리스도께서 인간을 구출하기 위

---

21   이레네우스,《이단 반박》V.1.1.

해 마귀에게 몸값으로 자신을 주셨다는 생각이 깔려 있다. 이레네우스는 일부 후대 교부들이 주장한 바와 같이 마귀가 최후의 수단으로 사람에게 어떤 실제적 권리를 얻었다고 단언하기를 꺼린다. 그는 영지주의자들에게 맞서, 마귀가 강도며 강탈자라는 주장을 고수하는 것이 중요하다고 생각했기에, 그런 단언으로 나아가지 않았다. 그럼에도 인류의 '반역'은 죄를 수반하며, 사람이 마귀의 권세 아래 놓임이 마땅하다는 생각이 바탕을 이루고 있었다. 그는 답변하면서, 하나님은 "하나님께 합당한" 방식으로 행동하시고 심지어 마귀도 질서 있는 방식으로 다루신다는 데까지만 말하고 거기서 더 나가지는 않았다. 이를 속죄의 사법적 교리라고 부르면 말이 안 된다. 하나님께서 '페어플레이 규칙'을 지키신다고 말한다면, 이레네우스가 실제로 의미한 바에 더 가깝게 표현될 것이다.

3. 속죄 사역

다음으로 우리는 이레네우스가 속죄 사역의 실제 성취를 어떻게 설명하는지, 그리고 그가 그리스도를 묘사할 때 어떤 특징을 강조하는지 물어야 한다. 우리는 그가 성육신에서부터 그리스도의 지상 생애 전체와 죽음을 거쳐 부활과 높아지심에 이르는 연속적인 흐름을 추적하고 있으며, 이 흐름에서 어느 한 지점만을 배타적으로 강조하지 않는다는 것을 보게 될 것이다.

우리는 이레네우스가 성육신에 관한 기본 개념에 모든 무게를 두었다는 주장에 대해 이미 다루었다. 그리고 반대로, 성육신이 이후 구속 사역의 바탕이 되는 본질상 필수적인 기반이라는 점도 보았다. 그가 때때로 그리스도께서 육신으로 오심을 통해 주어지는 구원에 관해 말했더라도, 그가 성육신과 구속 사역을 서로 대립시킬 의도가 전혀 없었음은 명백하다. 그는 성육신 이후 이어지는 모든 것을 성육신에 포괄하여, 성육신을 그저 전체를 대표하는 부분으로 사용한 것이다. 십자가와 부활이 이레네우스 사상의 중심이 아니라는 본베취의 주장[22]은 이레네우스가 오로지 십자가만을 강조한 게 아니라는 의미였다면 충분히 사실일 수도 있겠다. 하지만 실제로 본베취의 말은 이레네우스가 그리스도 죽음의 중요성을 상당히 부차적으로 취급했다는 뜻으로 보인다. 이와 반대로, 브룬너는 《중재자》*Der Mittler*[23]에서 이레네우스를 탁월하게 연구한 부분에서, 그리스도의 죽음이 바울에게 중요했던 만큼 이레네우스에게도 본질적으로 중요했다고 주장하는데, 이는 완전히 정당한 주장이다. 그러나 브룬너 역시 관점을 축소하는 잘못을 저지른 것으로 보인다. 왜냐하면 브룬너가 그리는 선은 죽음에서 중단되기 때문이다. 사실 이레네우스가 싸움을 통한 그리스도의 승리를 강조하고, 구원을 생명으로 해석하는 데 강조점을 둔 것은 내적 필연성에 의해 부활과 승천에 대한 강조로 이어진다.

---

22 Bonwetsch, "Ein Bestandtheil des Todes," p. 113.
23 Emil Brunner, *Der Mittler*, p. 229. 이 책은 하르낙에 대한 격렬한 비판을 담고 있는데, 대체로 타당하지만, 항상 완전히 정당화되는 비판은 아니다.

이레네우스는 후대 신학에 때때로 나타난 경향, 즉 그리스도의 죽음을 너무 강조하여 지상 생애의 나머지 부분이 거의 시야 밖으로 사라지게 하는 경향이 전혀 없다. 이레네우스가 그리스도께서 이 땅에 사시는 동안의 순종에 큰 비중을 둔 점은 매우 두드러진다. 그는 죄의 지배를 시작시킨 한 사람의 불순종이 생명을 가져온 한 사람의 순종으로 어떻게 응수되는지 보여 준다. 그리스도께서 순종하심으로써 불순종을 '총괄갱신'하여 무효하게 하신 것이다.[24] 이 순종이 그리스도의 승리 수단이다. "그 말씀이 죽기까지 순종하심으로써 나무에서 범한 고대의 불순종을 무효하게 하셨다."[25] 이 승리의 순종은 특히 유혹 시험 사건에서 볼 수 있지만, 그리스도의 설교와 가르침도 분명 같은 관점에서 볼 수 있다. 우리에게 "아버지를 아는 법을 알려주시는" 가르침은 그리스도께서 어둠의 세력을 이기심에 있어 한 요소를 형성한다. 이를 근거로 이레네우스를 '지성주의'로 비난하는 것은 요점에서 벗어난 것이라고 굳이 덧붙일 필요가 있을까?

하지만 그리스도의 지상 생애 전체를 이렇게 승리하는 싸움의 연속 과정으로 볼 때, 최종적이고 결정적인 전투는 그의 죽으심이다.[26]

---

24 이레네우스, 《이단 반박》 III.21.10; 22.4.
25 이레네우스, 《사도적 가르침의 논증》 34.
26 실제로 이레네우스는 그리스도 죽음의 중요성을 가볍게 보지 않았다. 제베르크의 언급(Reinhold Seeberg, *Lehrbuch der Dogmengeschichte*, 2nd ed., I, p. 330)은 이레네우스를 라틴 속죄 교리에 비추어 읽는 실수를 범한 것이다. 제베르크는 다음과 같이 말한다. "(이레네우스에게) 그리스도의 십자가는 바울 이후 일반적으로 받아들여진 의미가 아니었다. 그리스도의 죽으심은 총괄갱신 때문에 실제로 필요한 것으로 여겨졌지만, 죄 용서는 이에 근거를 둔 것이 아니라, 그리스도께서 자기 신성을 통해 행사하시는 기능으로 나타난다." 그는 《이단 반박》 V.17.2의 내용을

당연히 이레네우스는 일련의 성경 이미지를 사용한다. 그는 여기저기서 그리스도께서 "그의 피로" 우리를 구속하셨다는 정형적 표현을 사용하지만, 우리가 이미 언급했던 몸값 이미지를 특히 선호했다. 항상 몸값은 악의 세력이나 죽음이나 마귀에게 지불되었다고 여겨진다. 이 수단을 통해 그들이 패배하게 되고, 인간을 지배하는 그들의 힘은 종식된다. 이런 일이 이루어졌을 때 속죄가 일어난다는 점은 아무리 강조해도 지나침이 없다. 왜냐하면 하나님과 세상 사이의 새로운 관계가, 하나님께서 인류를 악의 세력에서 구출하시고 세상을 자신과 화해시키셨다는 사실로 수립되기 때문이다. 이 점에서 하나님은 화해시키시는 분이자 화해되시는 분이다. 하나님은 능동적 측면에서 구원 사역을 이루시는 분이지만, 동시에 수동적 측면에서 화해되시는 분이시다. 왜냐하면 하나님은 사람을 악의 세력에서 구출하셨는데, 다른 관점에서 보면 이렇게 악의 세력에게 무력하게 속박된 것은 인간의 죄책과 관련된 하나님의 적대이기 때문이다.

신적 능동성과 수동성이라는 이러한 양면성은 이레네우스가 그리스도의 사역을 해석하고자 희생의 유비를 사용할 때 다시 나타난다. 그리스도의 희생은 하나님과 악의 세력 모두와 관련된다. 한편으로

언급하는데, 여기서 이레네우스는 다음과 같이 말한다. "따라서 그는 죄 용서로 사람을 온전하게 하셨고, 자신이 누구신지를 분명하게 보여 주셨다." 제베르크의 논증은 그가 이레네우스의 사상과 고전 속죄 개념의 성격을 이해할 역량을 제대로 갖추지 못했음을 보여 준다. 라틴 이론은 그리스도께서 공생애 사역 중에 어떻게 죄를 용서하실 수 있었는지 설명하는 데 항상 문제가 있었다. 당연히 고전 개념은 여기서 난점이 없다. 하지만 그렇다고 고전 개념이 십자가 죽음의 중요성을 조금이라도 가볍게 여기는 것은 아니다. 가볍게 여기는 것과는 전혀 관련이 없다.

"그리스도께서는 자신의 수난으로 우리를 하나님과 화해하게 하셨다."[27] 다른 한편으로 희생을 치르신 분은 바로 하나님 자신이시다. "아브라함은 믿음으로 하나님 말씀의 명령을 따라 기꺼운 마음으로 자신의 독생자를 희생 제물로 하나님께 바쳤다. 이는 아브라함의 모든 자손을 대신하여 사랑하시는 독생자를 우리 구속을 위한 희생 제물로 드리는 것이 하나님께도 기쁨이 되기 위함이었다."[28] 여기서 희생에 관한 생각은 곧장 몸값에 관한 생각으로 넘어간다. 그러나 능동성과 수동성을 번갈아 가며 하나님께 귀속시키는 것은 이레네우스가 라틴 교리와 같은 형태로 된 합리적인 속죄 이론과 얼마나 동떨어져 있는지 보여 준다. 이는 사실 바울의 선언의 양면성과 상응한다. "하나님께서 그리스도 안에 계시사 세상을 자기와 화해하게 하시며."[29]

그러므로 그리스도의 죽으심은 이레네우스 사상에서 확실히 중심 자리를 차지하고 있다. 하지만 이와 동시에 덧붙여야 할 것이 있다. 그 죽으심은 다른 일들과 별개인 죽음이 아니라는 것이다. 한편으로 그리스도의 전 생애-사역과 연결되고, 다른 한편으로 부활 및 승천과 연결되는 죽음이며, 부활절과 오순절로 환하게 빛나는 죽음이다.[30]

---

27   "Per passionem reconciliavit nos Deo."(이레네우스, 《이단 반박》 III.16.9).
28   이레네우스, 《이단 반박》 IV.5.4.
29   고린도후서 5:19.
30   잔코프의 말 중 다음 내용(Zankow, *The Orthodox Eastern Church*, 55)은 이레네우스, 후대 그리스 교부들, 그리고 일반적으로 동방 그리스도교에 대해 맞는 말이다. "그리스도의 부활은 십자가 죽음과 불가분하게 연결되어 있다. 정교회에서, 곧 정교회 신학이나 정교회 안의 통속적인 사고에서나 구원은 부활에서 비로소 최종 완성된다. 죄와 죽음이 정복되고, 인간에게 생명이 주어진다. 오직 부활만이 구원과 영생의 실제적 증거다."

그는 우리가 그리스도를 생명의 주님으로 생각할 때까지 그치지 않고 생명의 승리를 강조한다. 이레네우스 사상의 전체적 질서가 분명 그렇다. 그에게 부활은 무엇보다도 악의 세력에 대한 결정적 승리를 내보이는 것이고, 이 승리는 십자가 위에서 이루신 것이다. 또한 부활은 "하나님과 사람의 연합과 친교를 위해"[31] 사람의 영혼 안에서 하나님의 일을 이어 가시기 위한, 새 경륜을 위한, 성령 선물을 위한 출발점이다. "그리스도의 수난은 우리에게 용기와 힘을 가져다주었다. 주님은 수난을 통해 높은 곳으로 올라가셨고, 사로잡혔던 자들을 사로잡으셨으며, 사람들에게 선물을 주셨고, 자신을 믿는 이들에게 뱀과 전갈을 밟고 모든 적대 세력을 ─즉, 반역의 왕자를─짓밟을 힘을 주셨다. 주님은 수난을 통해 죽음을 멸하셨고, 오류를 종식시키셨으며, 썩음을 폐하셨고, 무지를 몰아내셨으며, 생명을 나타내셨고, 진리를 선포하셨으며, 썩지 않음을 베푸셨다."[32]

이레네우스 사상의 전체 줄기는 조화롭고 명료하다. 하나님 자신이신 하나님 말씀이 죄와 죽음의 조건 아래로 들어오셔서, 악의 세력과의 싸움에 가담하시고, 그 싸움을 결정적 승리로 이끄셨다. 이는 하나님과 세상의 새로운 관계를 이룬 것이다. 즉, 속죄贖罪가 이루어졌다. 하나님의 자비는 사람들에게 닥친 파멸에서 그들을 구출하셨다. 따라서 '그가 왜 내려오셨는가?'Ad quid descendebat?라는 질문에 명료하고

---

31 "In adunitionem et communionem Dei et hominis"(이레네우스, 《이단 반박》 V.1.1.)

32 이레네우스, 《이단 반박》 II.20.3.

단순한 답이 주어졌다. 그리스도께서 하늘에서 내려오신 이유는 하나님 자신의 능력이 아니고서는 그 일을 이룰 수 없기 때문이다. 따라서 성육신과 속죄 사역은 서로 가장 밀접한 관계이며, 둘 다 한 체계에 속해 있다.

여기서 하나를 더 언급할 필요가 있다. 이는 특히 이후 속죄 교리의 역사에서 그 중요성을 고려할 때 언급해야 할 점이다. 구속 사역은 사람이신 그리스도께서 성취하신 것이다. 그렇다면 이레네우스에게도 라틴 속죄 교리 특유의 가르침―즉, 사람이신 그리스도께서 사람 편에서 하나님이 받아들이실 만한 제물을 바치신다―과 동일한 내용이 있는 것 같지 않은가? 이와 관련하여 다음과 같은 구절을 인용할 수 있을 것이다.

"사람의 적을 사람이 타도하지 않았다면, 적은 공정하게(juste) 극복된 게 아닐 수 있다. 반복하자면, 하나님께서 구원을 주시지 않았다면, 우리는 구원을 안전하게 소유하지 못했을 것이다. 그리고 사람이 하나님과 연합되지 않았다면, 불멸에 참여하는 자가 될 수 없었을 것이다. 하나님과 사람 사이의 중재자께서 자신이 그 둘과 맺은 관계를 통해 그 둘을 우정과 조화로 화합하셔야 했기 때문이다. 사람을 하나님께 나타내기 위해서, 또한 사람이 하나님을 알도록 배우기 위해서 말이다."[33]

---

[33]   이레네우스, 《이단 반박》 III.18.6.

하지만 이레네우스를 라틴 이론에 비추어 읽는 것은 본질적 차이를 놓치는 것이다. 그는 속죄를 그리스도께서 사람 편에서 하나님께 드린 제물, 즉 아래로부터 드린 제물로 생각하지 않는다. 하나님이 시종일관 구속 사역의 실질적 행위자이시기 때문이다. "만물의 창조주이신 하나님 말씀은 사람을 통해 그(마귀)를 이기시고(per homi-nem vincens eum), 그를 반역자로 선언하셔서, 그를 사람에게 복종하게 하셨다."[34] 구속 사역은 로고스에 **의해** 그의 도구인 인성을 **통해** 이루어지는데, 왜냐하면 하나님 자신 말고는 이를 완수할 능력이 없기 때문이다. 이레네우스가 이와 관련하여 그리스도의 '순종'에 대해 말할 때, 그는 사람 편에서 하나님께 드려진 인간적 제물을 생각하고 있지 않았다. 오히려 신적 의지가 하나님 말씀의 인간적 삶을 완전히 지배했으며 그분의 사역에 완전히 표현되었다고 생각했다.

4. 결론

이레네우스의 가르침은 명확하고 일관적이며, 우리가 고전 개념이라고 부르는 속죄론의 완전히 전형적인 예다. 그 본질적 특징을 결론으로 간략히 요약하면 유용할 것이다.

첫째, 속죄 사역은 줄곧 하나님 자신이 수행하신 것으로 여겨지며,

34　이레네우스, 《이단 반박》 V.24.4.

이 점이 강조되어야 한다. 이는 단지 하나님께서 구원 계획을 승인하시고 허락하시고 시작하신다는 의미가 아니라, 처음부터 끝까지 하나님이 바로 구속 사역의 실질적 행위자라는 의미다. 성육신하신 하나님 말씀이 사람을 속박한 폭군들을 이기셨고, 하나님이 죄와 죽음의 세상에 직접 들어오셔서 세상을 자기와 화해하게 하셨다. 그러므로 성육신과 속죄는 어떤 식으로 대립하는 게 아니라, 서로 불가분하게 함께 있는 것이다. 인류에게 선고된 형벌을 제거하고 인류와 하나님 사이에 새로운 관계를 창조한 것은 하나님의 사랑, 곧 신적 아가페다. 이 새로운 관계는 법적인 의에 의한 칭의 같은 것과는 완전히 다르다. 경륜 전체가 은혜의 사역이다.

"포로로 사로잡혔던 인류는 이제 하나님의 자비로, 자신들을 속박했던 권세에서 구출되었다. 하나님은 자기 피조물을 불쌍히 여기셨고, 자기 말씀, 곧 그리스도를 통해 새로운 구원을 주셨다. 이는 사람들이 썩지 않음에 스스로는 이를 수 없고 오직 하나님의 은혜로만 이를 수 있음을 경험으로 배우게 하시려는 것이다."[35]

둘째, 이러한 속죄관은 대개 이원론을—하나님의 뜻에 적대적인 악의 세력들이 실재함을—배경으로 한다는 점을 강조해야 한다. 따라서 이러한 세력들이 뻗어 있는 한, 하나님과 세상 사이에는 적대가

[35]   이레네우스, 《이단 반박》 V.21.3.

있다. 그래서 속죄 사역은 악의 세력과의 싸움, 그들과 싸워 이김 같은 드라마적인 용어로 묘사된다. 여기에는 양면성이 있다. 하나님은 화해시키시는 분이자 화해되시는 분이라는 것이다. 하나님의 적대는 하나님이 세상을 자신과 화해시키신 바로 그 행위를 통해 사라진다.

다음 장에서는 이레네우스에서 후대 교부들로 넘어갈 것이다. 우리는 교부들의 가르침에서 이레네우스의 핵심 사상이 얼마나 반복적으로, 얼마나 강력하게 나타나는지 보게 될 것이다. 다양한 형식으로 표현된 동일한 일반적 가르침이 계속 나타날 것이다. 이는 하나의 주제에 대한 일련의 변주와 같다. 그러나 변주에는 변주만의 흥미로운 점이 있다.

3

동서방 교부들

1. 일반 개관

우리가 빠르게 요약하면서 모든 교부를 이레네우스만큼 충분히 다루는 것은 불가능하며, 그럴 필요도 없다. 다양한 교부들 사이에 차이가 있지만, 그럼에도 이 주제에 대해서는 단일한 포괄적 진술로 다룰 수 있을 만큼 일반적으로 일치한다. 실제로, 리비에르가 《구속 교의》 *Le dogme de la Rédemption*[1]에서 하려 했던 것처럼, 하위-다양성을 명확히 규정하여 구분하는 시도는 타당하게 수행될 수 없다. 그는 교부들의 속죄 이론을 세 가지 유형으로 구분하고자 한다. 첫째는 "사법적" 견해로, 마귀에게 몸값을 지불했다는 생각이다. 둘째는 "정치적" 견해로,

---

[1] 다음을 보라. Hastings Rashdall, *The Idea of Atonement in Christian Theology*, p. 365.

이 견해에 따르면 마귀는 자기 권한 밖인 그리스도에게 잘못 권한을 행사함으로써 자신의 지배권을 상실했다. 셋째는 보다 "시적인"poetical 견해다 — 여기서 리비에르는 마귀를 속이는 것에 대해 흔히 사용되는 언어와, 이런 생각을 표현한 실재론적 이미지를 염두에 두고 있다. 그러나 실제로는 이러한 분류가 불가능하다. 이유 하나를 들자면, 리비에르가 언급하지 않은 다른 방식들로도 이 주제가 다루어지기 때문에, 전체를 아우르기에 충분하지 않다. 이유 하나를 더 들자면, 그가 구분한 개념들이 같은 작가의 글에 나란히 나오는 경우가 빈번하기 때문이다. 사실 교부들이 속죄에 관해서 서로 다른 이론을 내세운 게 아니다. 하나의 동일한 기본 개념을 다양하게 표현했을 뿐이다.

　H. 만델Mandel[2]은 이 주제에 관해 쓴 대부분의 다른 작가들보다 고전 속죄 개념을 훨씬 명확히 파악하고 있으나, 그리스 교부들의 사상을 두 단계로, 즉 초기의 "우주론-존재론적" 단계와 후기의 "윤리-종교적" 단계로 구별한 점에 대해서는 동의할 수 없다. 만델은 후기 단계에서는 더 이상 죄, 죽음, 마귀가 순전히 우주론-존재론적 방식으로 생각되지 않고, 부패는 단순한 육체적인 부패 이상의 것으로 간주되며, 필멸은 죄의 결과로 다루어진다고 말한다. 그러나 이 모든 것은 이레네우스를 연구하며 보았듯이 초기에도 동일하게 해당한다. 실제로 이러한 구별이 필요하다면, 적어도 초기 교회의 특정 지역에서는 우주론-존재론적 관점이 다른 관점을 희생시키면서 더

2　Hermann Mandel, *Christliche Versöhnungslehre*, pp. 217 이하.

강력해졌다고 말하는 게 나을 것이다. 어쨌든 멘델의 두 단계 구분은 유지될 수 없다.

이제 초기 교회에 고전 속죄 개념이 얼마나 널리 퍼져 있었는지 묻는다면, 그 개념은 이레네우스에서부터 흔히 교부 시대의 마침을 나타낸다고 여겨지는 다마스쿠스의 요한에 이르는 그리스 교부 신학 전체를 지배하고 있었으며, 이후 그리스 정교회의 표준 권위로 인정되었다고 단언할 수 있다. 그리스 교부들이 사용한 용어와 이미지는 다양하다. 하지만 우리는 그 다양성 가운데서도 그리스도의 구속 사역의 의미에 관한 하나의 동일한 드라마적 관점을 모든 그리스 교부에게서 실제로 발견할 수 있다. 가장 중요한 이름만 언급하자면, 오리게네스, 아타나시우스, 대 바실리우스, 니사의 그레고리우스, 나지안주스의 그레고리우스, 알렉산드리아의 키릴루스, 예루살렘의 키릴루스, 크리소스토무스는 서로 다른 사상 학파를 대표하며, 그리스 철학에 대한 태도 등에서 서로 매우 달랐다—그러나 서로의 차이를 아무리 분류하더라도 그리스도의 사역에 대한 해석에서는 서로 깊은 일치가 있음을 발견할 수 있다. 오리게네스와 카파도키아의 두 그레고리우스처럼 그리스 철학의 영향을 아주 많이 받은 이들조차도 '비철학적'이었던 아타나시우스와 본질적으로 동일한 속죄관을 취한다는 점은 정말로 의미심장하다.

오리게네스의 가르침을 다루는 여러 시도들이 있었다. 예를 들어, 드 페이는 오리게네스에 관한 중요한 연구에서 이러한 측면의 중요성을 축소하려 했고, 더 낮은 수준의 신학에 속하는 것으로 취급하려 했다. 마치 철학적 성향의 체계에서 그저 부속물에 불과한 것처럼 여기고, 그게 바로 실제 오리게네스라는 식으로 말이다. 그러나한 사람의 가르침에서 특정 측면이 **그 사람**에게 덜 중요했을 것이라는 가정은 엄격히 비판받을 만하다. 오리게네스의 경우, 설사 그 가정이 실제보다 더 정당하더라도, 그가 그리스도 사역의 의미에 대해 직접적으로 말할 때 그리스 교부들에게 공통적인 고전 속죄 개념과 동일한 개념을 취했다는 점은 여전히 사실이다. 그의 경우나 다른 사람의 경우나 철학적 영향력이 고전 속죄 개념을 수정하지 못했다. 이 사실은 고전 속죄 개념이 그리스 교부들의 가르침에 얼마나 깊이 뿌리내리고 있었는지 보여 준다.

그러나 서방으로 눈을 돌리면 문제가 더 복잡해진다. 거기서 우리는 전형적인 라틴 속죄론의 첫 번째 흔적, 즉 안셀무스의 위대한 작품에서 완전하고도 명확하게 정립된 속죄론의 흔적을 비교적 이른 시기의 문헌에서 발견할 수 있다. 그리고 그것이 처음 등장한 지점을 정확하게 특정할 수 있다. 이 주제는 5장에서 다룰 것이며, 지금은 테르툴리아누스에 대해 말하는 것으로 충분할 것이다. 그는 대체로 죄에 대해 사람이 이룬 만족과 공로 개념을 중심으로 보속Penance에 대해 가르쳤다. 미래의 라틴 이론 건축을 위한 초석을 다듬기 시작한 것이다. 키프리아누스는 테르툴리아누스의 생각들을 처음으로 속죄에 직접 적용했다. 키프리아누스 이후 라틴 개념은 서방 교회 여기저기서 발견되며, 시간이 지날수록 점점 더 많이 나타난다. 그럼에도 교부 시대에는 라틴 교리가 결코 완전히 정립되지 않았고, 의식적으로 고전 개념과 반대 방향으로 가지도 않았다. 서로 다른 두 유형의 관점에 적절하게 속한 요소들이 종종 나란히 있었지만, 이를 사용하는 사람들이 그 본질적 차이를 분명하게 의식하고 있지 않았기 때문이다. 고전 유형의 견해가 지배적이었고, 라틴 유형의 발상들은 잠정적인 제안의 성격을 띠고 있었지만, 지배적이었던 고전 가르침과 은밀히 대립하는 방향으로 점점 나아가고 있었다. 그러나 이 시기의 두 관점 사이의 관계를 조사하려면, 일반적으로 생각하는 것보다 훨씬 많은 주의가 필요하다. 사실은 고전 개념에 속하는 요소들인데도 마치 안셀무스 이론의 전조인 것처럼 다루는 경우가 정말 흔하다.

이와 같이 고전 속죄 개념은 동방 교부들은 물론 서방 교부들에게도 지배적 관점이었다. 우리는 암브로시우스, 위-암브로시우스, 아우구스티누스, 레오 대교황, 아를의 카이사리우스, 리에의 파우스투스, 그레고리우스 대교황에게서 이 개념을 볼 수 있다. 이들 중 아우구스티누스와 그레고리우스에 관해서는 몇 가지 더 언급할 필요가 있다.

아우구스티누스가 고전 속죄 개념을 받아들였다는 사실은 그가 신학적으로 중요하기 때문에 특히 중요하다. 하르낙처럼 이 사실의 중요성을 축소할 이유는 없다. 하르낙은 아우구스티누스가 이 개념을 받아들이면 "통속 가톨릭의 유물"로 낙인찍고, 아우구스티누스가 다른 대목에서 통속 가톨릭의 속박에서 벗어나면 항상 "신플라톤주의적이고 순전히 종교적"[3]이라고 말한다. "통속 가톨릭"이라는 용어

---

3   Adolf Harnack, *Dogmengeschichte*, 4th ed., III, 203.

에 내포된 경멸은 무시할 수 있겠지만, "신플라톤주의적"과 "순전히 종교적"의 조합은 하르낙이 잘못 해석했음을 시사한다. "순전히 종교적"인 요소는 아우구스티누스 신학에서 그리스도교적 요소와 상반되는 것이다.

하지만 주목해야 할 점이 두 가지 더 있다. 첫째, 아우구스티누스에게 그리스도의 사역에 관한 드라마적 견해는 성육신에 관한 그의 매우 명료한 가르침과 밀접하게 연결되어 있으며, 이 지점이 바로 신플라톤주의가 그에게 전혀 작동하지 않는 부분으로 보인다. 따라서 한편으로 성육신이 아우구스티누스에게 핵심적으로 중요하며, 다른 한편으로 성육신과 드라마적 속죄관이 그의 글에서 매우 밀접하다는 점을 고려한다면, 이러한 속죄관을 그의 사상에서 덜 본질적인 부분으로 분류하거나 단순히 "통속 가톨릭"의 유물로 낙인찍는 것이 완전히 자의적이라는 게 분명해진다. 둘째, 신플라톤주의의 영향력이 주로 드러나는 부분은 그의 사랑 교리인데, 여기서 그는 신플라톤주의의 에로스 개념의 혼란스러운 영향으로 인해, 하늘에서 비롯되어 사람들 사이에 널리 퍼지는 신적 사랑이라는 전형적인 그리스도교 사상을 일관되게 고수하지 못했다. 드라마적 속죄관은 신적 사랑이 하늘에서 내려온다는 사상에 전적으로 의존하므로, 자연히 에로스 개념의 존재는 드라마적 속죄관을 약화했다. 하지만 이것이 사실이라면, 이는 단지 "통속 가톨릭의 유물"을 약화한 게 아니라 그리스도교의 본질적 가르침을 약화한 것이다. 하지만 여기서 이 점을 더 깊게 끝까지 살펴볼 수는 없다. 우리의 당면 과제는 아우구스티누스가 그리스도의 구속 사역을 다룰 때마다 그의 사상이 모든 본질적인 면에서 고전 유형에 속한다는 점을 확인한 것이다.

고전 속죄 개념은 그레고리우스 대교황의 저술에 강력하게 표현되어 있다. 그는 구속의 드라마를 섬뜩한 색채로 그려 냈다. 이전 몇 세기 동안에도 실재론적이고 괴기스럽기도 한 이미지가 많이 사용되었지만, 그레고리우스는 그 모든 것을 능가한다. 그레고리우스의 저술에서 고전 개념이 이러한 자리를 차지한다는 사실은 더욱 주목할 만한데, 왜냐하면 이후 중세 미사의 희생 제사 개념 형성에 그의 지분이 있기 때문이다. 이후 일반적으로 받아들여진 이 개념은 인간이 하나님께 바치는 제물이라는 점을 지속적으로 강조하며 라틴 속죄 교리의 방향으로 나아가는 경향이 있었음이 분명하다. 실제로 그레고리우스에게서 구속의 드라마에 대한 실재론적 이미지와 더불어, 라틴 속죄론에 속하는 여러 요소가 나란히 나타난다.[4]

그레고리우스가 고전 개념을 사용한 것은 이후 시대에 특히 중요하다. 그의 저술이 중세 시대에 열심히 읽혔고, 또한 고전 개념을 보존하여 사라지지 않게 하는 데 다른 어떤 작가보다 지대한 영향을 미쳤을 가능성이 크기 때문이다. 루터가 가장 많이 연구한 교부 저자 중 하나가 그레고리우스였다는 점을 덧붙이면, 속죄에 대한 루터 특유의 가르침이 부분적으로 설명될 수 있다. 확실히 루터의 작품에는 여러 실재론적 이미지가 다시 등장한다.

---

4   Cf. 이 책 p. 127‑28.

2. 성육신과 속죄

흔히들 이야기하기로, 초기 교회는 주로 그리스도론 영역에서 신학
적 노력을 발휘했다. 가장 기념비적인 결과가 에큐메니칼 공의회의
공식 표현들로 나타났다는 점에서 맞는 말이다. 하지만 그리스도론
의 정의定義들이 그리스도의 구속 사역에 대한 어떤 매우 명확한 견해
와 밀접하게 연결되어 도출되었다는 점이 항상 명확하게 인식되지
는 않았다. 이 견해는 정의들에 명시적으로 표현되지는 않았지만, 배
경으로는 시종일관 존재했다.[5] 그리스도론은 그리스도 안에서 신성
과 인성의 역설적 연합을 설명한다. 그리고 이 주제가 지극히 중요
하게 여겨진 이유를 구속 개념이 설명해 준다.

성육신 개념과 속죄 개념의 유기적 연결은 초기 교회 구속 교리의
주된 특징이다. 그 핵심 사상은 우리가 이미 이레네우스에게서 본
것과 동일하다. 즉, 사람을 구출하시려고 죄와 죽음의 세계에 들어오
셔서, 악의 세력과 싸우시고, 자신과 세상 사이의 속죄和해를 가져오
신 분은 바로 하나님 자신이시다. 나지안주스의 그레고리우스는 성
육신의 목적을 이렇게 요약한다. "하나님께서 폭군을 이기심으로써
우리를 자유롭게 하시고 자기 아들을 통해 우리와 자신을 화해시키

---

5 Cf. L. S. Thornton, *The Incarnate Lord*, pp. 311-16. "4세기에 이 문제를 결정한
것은 이런 단어들(로고스나 아들)에 관한 문제가 아니라, 구원론의 요구였다. 이레
네우스와 아타나시우스(그의 초기 단계에서)는 모두 로고스라는 용어를 매우 객관
적인 구속 교리와 연결했다. ⋯ 아타나시우스의 그리스도론은 ⋯ 그리스도를 구속
자로 보는 그의 개념으로 이미 확립되어 있었다"(p. 311).

시기 위함이다."

아타나시우스와 아우구스티누스는 '왜 하나님은 인간이 되셨는 가?' 하는 물음에 길게 답했다. 아타나시우스의 논문 《말씀의 성육신 에 관하여》는 이 주제로 가득 차 있다. 그는 인간의 범죄를 통해 죄 가 인류를 죽음의 권세에 복종시켰으며, 이 때문에 죽음이 인간에 대한 법적 권리를 가지게 되었다고 주장한다. 그러나 하나님의 목적 이 허무하게 끝날 수는 없다. 타락한 인류를 향한 하나님의 사랑은 인류를 심판하시더라도 지속되기 때문이다. 그래서 잃어버린 생명 을 회복시키기 위해 말씀이 사람이 되신 것이다. 이것만이 생명, 곧 하나님의 생명이 사람의 세상에 들어와 죽음을 이길 수 있는 유일한 방법이기 때문이다.

이러한 견해는 분명 그리스도의 죽음뿐만 아니라 그리스도의 승 리, 이김, 죽음을 통해 생명으로 나아감도 강조할 수밖에 없다. 안셀 무스에 따르면 그리스도는 무엇보다도 죽기 위해 사람이 되셨지만, 교부적 관점에서는 이렇게 그리스도의 죽음을 별개로 분리하는 것 이 불가능하다. 죽음이 승리를 이루기 위한 방법인 것은 사실이지만, 강조점은 승리에 있다. 따라서 초기 교회의 가르침을 통해 승리의 소리가 나팔 소리처럼 울려 퍼진다.

그러나 여기서 우리는 이레네우스를 연구할 때 제기해야 했던 물 음과 마주해야 한다. 아나타시우스와 그 후계자들이 죄로부터의 구 출 사상을 상실하면서까지 죽음 및 죽음의 권세로부터의 구출 사상 을 강조했다는 말이 정말 사실인가? 흔히 이야기하는 것처럼, 그들은 '육체·물리적' 구원 교리를 제시하는가? 이 질문은 특히 아타나시우스를 고찰하면서 제기하는 것이 적절하다. 왜냐하면 그는 죽음의 권세로부터의 구출 사상을 자주 곱씹지만, 다른 대부분의 교부들보다 마귀에 대해 적게 언급하고, 그의 저술에는 특정 구절들만 따로 떼어 놓고 보면 실제로 죄 개념을 소홀히 여긴다고 보기 쉬운 구절들이 많기 때문이다. 예컨대 한 부분에서[6] 그는 하나님께서 성육신 말고 다른 방법을 채택할 수 있으셨는지 묻고, 구원을 얻는 데 죄만 문제가 되고 죄의 결과로 육체가 썩는 것은 문제가 아니라면 사람이 회개하는 것으로 충분했을 것이라고 답한다. 그러나 죄로 인해 사람이 하나님의 형상을 잃고 죽음의 지배를 받게 되었기 때문에, 말씀이 오셔서 사람들을 썩음의 권세에서 구출하셔야만 했다고 말한다. 이러한 구절들을 보면, 그리스도의 오심과 구속 사역의 필요성은 죄 자체에서 비롯된 게 아니라 오로지 죄의 결과에서만 비롯된 것이므로, 그리스도의 사역이 죄와 간접적인 관계만 있는 것으로 보일 수 있다.

그러나 이러한 해석은 아타나시우스나 다른 그리스 교부들에게 공정하지 않을 것이다. 사실 아타나시우스는 죄를 단지 인간이 구원받아야 할 썩음의 원인으로만 보지 않았고, 썩음 자체와 동일하다고 보았다. 즉, 그리스도의 사역은 죄와 직접 관련된다. 그리스도는 죄가 인간의 삶에 행사하는 권세를 깨뜨리기 위해 오셨다. 그리스도는 "모든 사람을 죄와 죄의 저주에서 자유롭게 하시고, 모든 사람이 죽

---

6   아타나시우스, 《말씀의 성육신에 관하여》(죠이북스 역간), 7.

음에서 해방되어 진리 안에서 영원히 살며 썩지 않음과 불멸을 옷입게 하시려고"[7] 오셨다. 사실 종교개혁자들만큼 죄 용서를 강하게 선포하지는 않았다고 할 수 있다. 또한 그리스 신학자들은 루터만큼 심연을 탐구하지는 않았다. 그러나 이를 통해, 죄 개념이 단지 부수적인 자리에 있고, 그의 구원 개념은 순전히 '육체·물리적'이고 '본성적'일 뿐이며, 그리스도의 신적 본성을 통해 인간 본성에 불멸을 준다고 해석하는 것이 정당화되지는 않는다. 생명의 승리와 필멸의 극복이라는 사상이 핵심적인 자리를 차지한다면, 그것은 죄의 권세를 깨뜨리는 것과 밀접하게 관련된다. 그리스도의 사역은 죽음과 죄를 **모두** 이기는 것이다. 게다가 이 그리스 신학을 통해 울리는 승리의 소리는, 죽음에 대해 단번에 성취된 그리스도의 승리뿐만 아니라 그의 승리가 인간 세상에서 그분의 현재 사역의 시작점이라는 사실에도 의존한다. 그는 인간 세상에서 자신의 영을 통해 계속해서 죄의 권세를 깨뜨리고 인간을 '신화神化하고' 계신다.

그리스 교부들은 하나님께서 성육신과 구속의 드라마 말고 다른 방법으로 사람을 구원하실 수 없었는지를 자주 논한다. 특히 자기 능력을 행사하셔서, 전능한 **명령**으로 폭군들을 타도하고 타락한 자들을 회복시키는 방법을 택하실 수 없었는지 논한다. 이에 대해 다양한 답변이 제시되었다. 아타나시우스는 하나님께서 인성을 취하셔서 구출이 내부에서 이루어질 때, 외부에서 이루어지는 것과는 전

7 　아타나시우스,《아리우스파 반박 연설》II.69.

혀 다른 방식으로 효력을 발휘한다고 답한다.[8] 하나님이 단순히 힘을 사용하셨다면 하나님의 의가 나타나지 않았을 것이라는 생각은 빈번했고, 마귀가 인간에 대해 특정한 권리를 가지고 있으며 하나님께서 이를 존중하신다는 암시도 간간이 있다. 예를 들어, 다마스쿠스의 요한은 다음과 같이 썼다. 하나님께서는 힘으로 자기 뜻을 이루시고, 전능한 능력으로 사람들을 폭군의 지배에서 구하실 수 있었다. 하지만 "폭군이 인간에 대한 지배력을 얻은 후 강압에 의해 포기해야 했다면, 불평할 이유가 있었을 것이다. 그러므로 사람을 동정하시고 사랑하시는 하나님께서 패배자들을 승리자로 선포하시기를 바라시기에, 사람이 되셔서…." 그리스 교부들은 하나님 행동의 가장 깊은 이유를 내적인 신적 필연성, 즉 하나님의 사랑이 부과한 필연성에서 찾는다. 마귀가 인간에 대한 권리를 가지고 있다는 이러한 주장은 성육신과 구속의 드라마의 필연성에 관한 합리적 이론을 의도한 것이 아니다. 합리적 증명에 아주 몰두하는 안셀무스와는 완전히 다른 차원에서 한 것이다.

아우구스티누스에게도 하나님의 사랑에 관한 동일한 가르침이 지배적으로 나타난다. 그는 인류가 죄로 인해 마귀의 권세에 넘겨졌으며, 죄책이 온 인류에게 있다고 본다. 그러나 하나님은 인류를 향한 사랑을 멈추지 않으셨고, 성육신은 하나님 사랑이 얼마나 큰지를 보여 주는 증거다. 하나님 사랑은, 그 아들이 우리와 교제하러 오셔서

---

8   아타나시우스,《아리우스파 반박 연설》II.68.

우리의 고난과 우리에게 놓인 악을 짊어지신 것보다 더 분명하게 드러날 수 없다. 이로써 우리는 구원받고, 그의 피로써 의롭게 되며, 아들의 죽음을 통해 하나님과 화해하고, 진노에서 구출된다.

이것이 '왜 하나님은 인간이 되셨는가?'에 대한 아우구스티누스의 답변이다. 그의 논의는 아타나시우스보다 더 강력하고 시야도 더 넓지만, 핵심 사상은 동일하다. 성육신은 하나님의 사랑에 근거를 두고 있다. 성육신하신 이의 사역은 신적 사랑의 사역이다. 바로 이것이 폭군들을 이기고 하나님과 세상 사이의 속죄^{贖罪}를 이룬다. 이는 단일한 신적 사역이며, 그 연속성은 아래에서, 사람 편에서 하나님께 드리는 제물이라는 사상으로 인해 끊어지지 않는다.

하나님께서 인간을 구원하기 위해 오셨다는 이 사상은 니사의 그레고리우스가 놀라울 만큼 명료하게 표현했다.

"불은 위로 향하는 것이 본성이며, 불이 자연스러운 방향을 취하면 아무도 이상하게 여기지 않는다. 그러나 불의 혀가 아래로 향하는 것을 본다면, 불이 여전히 불이면서도 그 본성에 반하는 방향을 향하는 일은 매우 놀라울 것이다. 마찬가지로, 신의 능력은 무적인데, 그것이 하늘의 광활함, 별들의 광채, 우주의 질서 정연함, 만물의 섭리적 통치로 증명되는 게 아니라, 우리 본성의 연약함에 이르도록 자신을 낮추는 겸손으로 증명된다. 고귀한 이가 고귀함을 잃지 않고 비천한 자로 낮아지고, 신의 본성이 인간의 본성과 결합하여 신이기를 그치지 않고 인간이 된다. … 어둠을 몰아냄이 빛의 본성이고, 죽음을 이기는 것이 생명의 본성이다. 지금 우리는 처음부터 바른길에서 벗어나서 생명에서 죽음으로 돌아서 있는데, 이때 깨끗함이 죄로 더러워진 이들에게로, 생명이 죽은 이에게로 내려오고, 길잡이가 길 잃은 자들에게로 다가와서, 더러워진 이들이 깨끗해지고, 죽은 자들이 일어나며, 방황하던 자들이 바른길로 돌아옴을 신비가 가르치는데, 무슨 불가능한 것이 있겠는가?"[9]

이 구절은 특히 흥미로운데, 왜냐하면 마귀가 속는 것을 실재론적 언어로 묘사하는 맥락에서 신적 구속 행위를 강조하여, 이러한 기괴한 이미지들의 종교적 배경을 드러내기 때문이다. 이제 우리는 이 주제로 넘어가야 한다.

3. 그리스도와 마귀

구속이라는 주제에 관한 교부들의 가르침에서 그리스도와 마귀의 거래를 다룬 부분만큼 비판받는 주제는 없다. 주로 이런 이유로 교부들의 가르침은 진지하게 고려할 가치가 없다고 흔히 여겨져 왔다. 안셀무스가 초기 교회 교리를 크게 발전시켰다는 평가도 주로 이러한 점에 달려 있다. 마귀와의 거래라는 발상과 마귀를 속인다는 기괴한 발상을 그가 모두 극복했다고 여겨지기 때문이다. 이런 교부들

9   니사의 그레고리우스, 《대 교리교육》, 24장.

의 가르침에 대한 가장 흔한 반응은 유치해서 어이없다는 표정으로 무시하거나, 윤리적으로 용납할 수 없다고 신랄하게 평가하는 것이다. 래시덜은 다음과 같이 썼다. "전체 체계에서 불쾌감을 주는 부분은 단순히 '몸값'이라는 용어나, 마귀에게 '지불되었다', '바쳤다', '주었다'라는 표현을 사용한 데 있지 않다. 이른바 인간에 대한 마귀의 지배를 정당한 권리와 합법적 관할권으로 다룬 방식과, 이러한 권리를 그리스도의 죽음으로 만족시켰다거나 매수했다는 유치하고 비도덕적인 방식이 불쾌한 것이다."[10]

교부들의 가르침에 나타난 신화적인 외형, 순진한 단순함, 기괴한 실재론적인 여러 특징이 아니나 다를까 혐오감을 불러온다는 점을 인정해야 한다. 그러나 이런 이유로 이 가르침을 곧바로 제쳐두는 것이 정당한지 의문을 제기할 수 있다. 역사적 교리 연구가 외형 밑까지 파고들려 하지 않고, 그 아래 숨겨진 종교적 가치를 찾으려 하지 않는다면, 이는 분명 그저 피상적인 것에 시간을 낭비하는 일이다.

래시덜의 반론은 교부들의 글 자체에서도 볼 수 있다. 교부들은 그리스도께서 사탄을 다루셨다는 주제에 대해 결코 한 마음이 아니었으며, 어떤 점에서는 서로 극명히 의견이 갈렸다. 모두가 동의한 점은 마귀가 정당하게, 합당하게 극복되었다는 것이다. 그 전형이 이레네우스의 가르침인데, 그는 하나님이 하나님께 속하도록 사람을 창조하셨고, 마귀가 사람을 지배하는 것은 올바른 질서의 왜곡이며,

---

10   Rashdall, *The Idea of Atonement in Christian Theology*, p. 364.

창조주와 구속주는 하나라고 가르쳤다.[11] 차이점은 마귀가 인간에 대한 지배권이 있다는 주제와 그리스도께서 마귀를 다루는 방식에 있다. 가장 일반적인 견해는 타락 이후 마귀가 인간에 대한 분명한 권리를 가지고 있으므로, 원칙적이고 질서 있는 해결이 필요하다는 것이다. 그러나 때때로 이 견해는, 마귀가 한 것은 강탈이기 때문에 인간에 대한 어떤 권리도 없다고 보는 견해와 충돌하기도 했다. 하지만 두 가지 형태의 가르침 모두 마귀가 하나님이나 그리스도께 속았다고 말할 수 있다. 이러한 생각은 큰 인기를 누렸고, 심각한 비판을 거의 받지 않은 것으로 보인다.

니사의 그레고리우스는 그리스도께서 마귀를 다루시는 주제를 특히 상세히 논했는데, 타락을 통해 마귀가 인류에 대한 권리를 획득했다고 분명하게 주장한다. 여기서 사실 그는 죽음이 인간에 대한 합법적 지배권이 있다고 말한 아타나시우스를 따르고 있다. 차이는 '죽음'이 '마귀'로 대체되었다는 것 말고는 거의 없다. 신화적 언어 뒤에 숨어 있는 종교적 동기는 분명 **인류의 죄책 및 인간의 죄에 대한 하나님의 심판을 주장하려는 것**이다.

그러나 그레고리우스는 이와 동시에 인간이 마귀의 힘에서 구출되는 것이 정당함을 보여 주고자 한다. 구출은 하나님의 사랑의 사역일 뿐만 아니라, 하나님의 지혜와 의로움의 사역이다. 하나님은 순전히 무력으로 자기 목적을 이루시지 않는다. 그레고리우스는 이를 노

---

11   이 책 pp. 57-59를 보라.

예와 해방에 비유한다. 노예가 폭력을 써서 해방된다면, 정당하게 자유를 얻은 게 아니라는 것이다.

"자유의지가 있는 우리가 우리 자신을 팔았을 때, 하나님께서 선하심으로 우리를 다시 자유롭게 회복시키실 때도 사정이 비슷하다. 하나님이 우리를 구원하실 때, 그 과정에서 무력을 동원하지 않고, 합법적인 방식으로 구출을 이루셔야 하는 일종의 필연성이 있었다. 이는 그분의 재산을 구속하는 대가로 소유주가 요구한 모든 것이 소유주에게 지불되는 것으로 구성된다."[12]

이는 몸값에 대한 설명으로 매우 인기 있는 이미지다. 사람의 몸값을 치르기 위해 지불된 그리스도의 생명값은 일반적으로 마귀에게, 또는 죽음에게 지불된 것으로 여겨진다. 이는 이 이미지가 자연스럽게 암시하는 바다. 오리게네스는 몸값이 누구에게 지불되었는지 논하면서, 하나님께 지불될 가능성을 곧바로 부정한다.[13]

"그런데 그분은 자기 목숨을 많은 사람의 몸값으로 주셨는데, 누구에게 주셨는가? 분명 하나님께 드린 것은 아니다. 그렇다면 악한 자가 받는 것은 가능한가? 그가 우리를 위한 몸값, 즉 예수님의 생명(또는 영혼)을 수

---

12   그레고리우스, 《대 교리교육》, 22장.
13   오리게네스, 《마태오 복음 주해》 xvi.8. Rashdall, *The Idea of Atonement in Christian Theology*, p. 259에 실려 있는 그리스어 본문을 번역한 것이다.

령하기 전까지, 우리는 그의 권세 아래 있었다. 그(악한 자)는 속아서 자신이 그 영혼을 지배할 수 있다고 생각하게 되었다. 하지만 그분을 붙잡아 두는 일은 자신이 감당할 수 있는 것보다 훨씬 큰 시련을(βάσανον) 수반한다는 점을 보지 못했다. 그래서 죽음은 자신이 그를 이겼다고 생각했지만, 그를 지배하지는 못했다. 그(그리스도)는 죽은 자 가운데서 자유로워지셨고, 죽음의 권세보다 더 강력하시고, 죽음보다 훨씬 더 강력하셔서 죽음의 지배를 받는 사람 중에서 원하는 모든 이들이 자신을 따를 수 있게(즉, 하데스에서, 죽음의 영역에서 벗어나게) 하셨다. 이제 죽음이 그들을 이기지 못한다. 예수님과 함께하는 사람은 누구든지 죽음으로 무너질 수 없게 되었기 때문이다."

그러나 나지안주스의 그레고리우스는 마귀에게 몸값을 지불했다는 이 가르침에 직접적으로 이의를 제기했다. 그는 마귀가 사람에게 실질적 권리를 가질 수 있다는 점에 반대했고, 따라서 마귀와의 거래 개념도 거부했다. 어떻게 마귀에게 몸값이 지불될 수 있겠는가? 노예를 해방하기 위해서는 대가가 지불되는데, 사람이 마귀의 권세 아래 있었다는 것은 부인할 수 없으므로, 마귀에게 몸값을 지불하는 것이 그럴듯해 보일 수 있지만, 실제로 그런 일이 일어날 수는 없다. 강도인 마귀가 폭력으로 탈취한 것에 대해 대가를 받는다는 것은 합당하지 않으며, 그 대가의 가치가 하나님 아들이라는 것은 더욱 합당하지 않다. 마귀에게는 아무런 권리가 없으며, 마귀를 정복하고 그 먹잇감을 포기하도록 강제하는 것은 전적으로 옳다. 결국 나지안주스의 그레고리우스는 몸값 개념을 완전히 거부한다. 그라면 몸값이 마귀에게 지불되는 것은 물론, 하나님께 지불된다는 생각[14]도 받아들이지 않을 것이다. 그가 말했듯이, 우리는 하나님께 종살이하고 있지도 않기 때문이다. 그는 희생 개념을 선호한다.

이와 같이 마귀와의 거래 개념은 강한 비판을 받았지만, 그럼에도 초기 교회에서 확고하게 자리 잡았으며, 교부들의 저술에서도 끊임없이 반복된다. 우리는 마귀가 그리스도를 다루는 과정에서 자기 권리를 넘어서서, 자기 권리를 박탈당하고 자기 왕국을 잃었다는 설명을 매우 흔하게 접할 수 있다. 예를 들어, 크리소스토무스는 요한복음 12:31[15]에 대한 주석에서 다음과 같이 썼다.

"마치 그리스도께서 이렇게 말씀하신 것 같다. '이제 심판이 이르렀으니, 판결이 선고될 것이다. 어떻게, 어떤 방식으로? 그(마귀)가 첫 사람을 친 것은 첫 사람이 죄를 범한 것을 알았기 때문이다. 죄를 통해 죽음이 들어왔기 때문이다. 그러나 그는 나에게서 어떤 죄도 찾지 못했으니, 어찌 나를 공격하고 죽음의 권세에 나를 넘기겠는가? … 이제 내 안에서 세상이 어떻게 심판받는가?' 마귀는 심판의 자리에서 이런 말을 들은 것과 같다. '네가 그들을 모두 친 것은 그들에게 죄를 발견했기 때문이다. 한데 그리스도를 친 것은 어찌 됨이냐? 네가 부당하게 한 것이 분명하지 않으냐?

---

14 다마스쿠스의 요한은 때때로 몸값이 하나님께 지불되었다고 주장했다. Cf. 이 책 p. 94.

15 "이제 이 세상에 대한 심판이 이르렀으니, 이 세상의 임금이 쫓겨나리라."

그러므로 그를 통해 온 세상이 의롭게 될 것이다.'"

크리소스토무스는 다른 이미지도 사용한다. 마귀는 자기 손에 떨어진 자들을 고문하는 폭군과 같다. 이제 마귀는 왕 내지 왕의 아들과 만나서, 그를 부당하게 쳐 죽인다. 그래서 그의 죽음은 다른 사람들의 구출로 이어진다. 혹은 마귀가 채권자에 비유된다. 마귀는 자기에게 빚진 이들을 감옥에 가둔다. 하지만 지금은 자기에게 빚 없는 이를 감금한 것이다. 마귀는 자기 권리를 넘어섰기에 지배권을 박탈당한다. 비슷한 설명이 자주 등장한다. 예를 들어, 아우구스티누스는 마귀가 그리스도의 무죄를 알면서도 그를 쳤고, 그리스도께서 무죄한 피를 흘리셨기에, 마귀는 자기가 취할 권리가 없는 것을 취한 것이라고 말한다. 따라서 마귀가 권좌에서 물러나서, 자기 아래 있던 사람들을 강제로 포기하게 되는 것이 합당하다. 말이 나온 김에, 루터에게도 비슷한 생각이 자주 나타난다는 점 또한 짚고 넘어갈 만하다. 루터는 크리소스토무스를 강하게 연상시키는 말로(루터는 그를 명시적으로 인용하기도 했다), '율법'이 그리스도에 대한 지배권을 주장했으나, 그리스도에 대해 아무런 권리가 없었고, 심판을 받아 이전에 가졌던 '폭군' 지위를 박탈당했다고 가르친다.

마귀를 속인다는 발상은 가장 실재론적인 이미지를 사용할 기회를 제공한다. 그리스도께서 자신의 신격을 자신의 인성 아래 숨기신 채 비밀스럽게(incognito) 나타나셔서 마귀가 그를 쉬운 먹잇감으로 보았다는 이 주제는 여러 변형이 있다. 이러한 발상의 흔적은 이레네우스[16]와 오리게네스[17]의 글에서 볼 수 있다. 오리게네스는 고린도전서 2:7-8을 인용한다. "은밀한 가운데 있는 하나님의 지혜를 말하는 것으로서 … 이 지혜는 이 세대의 통치자들이 한 사람도 알지 못하였나니, 만일 알았더라면 영광의 주를 십자가에 못 박지 아니하였으리라." 니사의 그레고리우스는 이 생각을 앞선 이들보다 훨씬 상세하게 발전시킨다. 신격이 인간의 형상을 입자, 마귀는 독특하게 탐나는 먹잇감이라 생각한다. 그리스도 안에 있는 신격이 너무 숨겨져 있어서 마귀는 자신에게 닥칠 위험을 알아차리지 못했던 것이다. 다른 상황이었더라면 즉각 피했을 텐데 말이다. 그래서 마귀는 주어진 먹이를 받아들인다. 물고기가 낚싯바늘이 꽂힌 먹이를 삼키는 것처럼 마귀도 먹이를 삼켜서 인성 아래 숨겨진 신격에 사로잡힌다.

"적대 세력은 드러나게 임재하는 하나님과 관계 맺을 수 없고, 하늘 영광으로 나타나시는 분을 감당할 수 없기 때문에, 하나님은 우리의 몸값을 요구한 자에게 접근하기 위해, 우리의 본성이라는 베일로 자신을 숨기셨다. 이는 탐욕스러운 물고기처럼 육체라는 미끼와 함께 신격이라는 바늘도 삼켜서, 생명이 죽음 속으로 들어가 죽음을 통과하고 빛이 어둠 속에 떠오르면서 생명과 빛과 반대되는 것을 무력화하기 위해서다. 왜냐하면 빛이 비칠 때 어둠은 견딜 수 없고, 생명이 활동하는 곳에서는 죽음이 계

---

16 이 책 p. 56을 보라.
17 오리게네스는 정당한 왕의 아들이신 그리스도께서 평범한 사람으로 변장하신 것은 마귀의 포로들이 감옥에서 나와 자신을 따르도록 더 쉽게 설득하기 위해서였다는 생각도 가지고 있다.

속 존재할 수 없기 때문이다."[18]

그레고리우스는 하나님의 행동을 이렇게 설명하는 데 대해 반대가 있음을 인정한다. 앞서 보았듯이, 그는 마귀가 인류에 대한 권리를 지니며 그에 따른 정의를 요구한다는 생각을 강력하게 견지했다. 그러나 그는 하나님의 행동이 하나님의 지혜 및 의로움과 실제로 상충하지 않고, 마귀에게 불의를 행하시지 않는다는 것을 보이려고 매우 노력했다. 그는 다음과 같이 말한다.

"적도, 환자를 치료하려는 의사도 약을 음식에 섞을 수 있다. 하나는 죽이고자 하는 것이요, 하나는 해독하려는 것이다. 이런 치료 방법은 유익한 목적과 모순되지 않는다. 두 행위가 모두 음식에 약을 타는 것이라면, 우리는 하나를 칭찬하고 하나를 비난할 때 그 동기를 고려해야 한다. 따라서 우리를 그릇된 길로 인도한 자에게 그의 방식대로 되갚는 것은 아무 것도 아니다. 왜냐하면 그가 육신의 정욕이라는 미끼로 사람들을 미혹했던 것처럼, 이제는 하나님께서 인성의 베일을 쓰심으로써 그가 미혹된 것이기 때문이다. 그러나 하나님께서 이루시고자 하신 목적은 그분의 행동이 반드시 선하고 정의로운 것으로 여겨지게끔 한다."[19]

마귀를 속인다는 생각은 동방에서도 서방에서도 자주 등장한다.

18   그레고리우스, 《대 교리교육》, 24장.
19   그레고리우스, 《대 교리교육》, 26장.

아우구스티누스는 쥐덫의 비유를 사용한다. 미끼로 쥐를 유인하여 잡듯이, 그리스도는 마귀를 잡는 미끼라는 것이다. 그레고리우스 대교황은 이 주제를 자주 확장하여 다루었는데, 그의 이미지만큼 기괴한 실재론은 없었다. 그러나 우리가 이 점을 더 자세히 끝까지 파고들 수는 없다. 지금은 이토록 불편한 표현 방식 밑에 숨겨져 있는 종교적 의미가 무엇인지 물어야 할 때이기 때문이다.

첫째, 마귀와의 반⁺합법적 거래, 몸값 지불, 속임을 비롯한 이 모든 생각은 종종 명시적으로 제시되는데, 이는 하나님께서 자기 목적을 강제로 달성하기 위해 난폭한 무력적인 방법으로 일을 진행하신다는 점을 부정하기 위한 것이다. 그 표현 형식이 아무리 조잡하더라도, 이는 하나님께서 드라마가 펼쳐지는 무대 바깥에 계시지 않고, 직접 이 드라마에 참여하셔서, 외적 수단이 아닌 내적 수단으로 자기 목적을 이루신다는 점을 보여 주기 위한 노력이다. 하나님은 전능한 **명령**으로써가 아니라, 신적 자기봉헌self-oblation을 통해 자기 것을 쏟으심으로써 악을 극복하신다.

둘째, 마귀와의 거래를 설명하기 위해 법적 이미지를 사용한다고 해서 하나님, 세상, 마귀의 관계가 시종일관 법적 관점에서 이해된다는 의미는 아니다. 래시덜은 속죄에 대한 '유사 법적' 관점을 이야기한다. 우리는 그의 말에서 폄하적인 언어는 무시하고 그 내용에 주목할 필요가 있다. 교부들의 저술에서 이 질서 정연한 법적 절차에 대한 묘사가 마귀를 속이는 묘사와 이상하게 번갈아 가며 나타난다는 사실만으로도 신적 행동을 법적인 체계 안에 포괄하려는 의도가 없음을 관찰할 수 있다. 교부들의 경우는 라틴 속죄 이론 시대 때 형성된 사고방식과 매우 다르다. 라틴 이론의 배경은 정말로 법적이라 할 만하지만, 교부들이 법적 언어로 표현하고자 한 핵심 발상은 하나님께서 악의 세력을 다루실 때조차도 '페어플레이'의 성격이 있다는 것이다. 따라서 이 점은 조금 전에 언급한 내용과 밀접하게 연결된다. 외적인 힘을 써서가 아니라, 내적인 자기내줌의 방법으로 악을 이기신 것이다.

셋째, 마귀의 권리와 관련해서 특징적인 사상의 교차를 관찰하는 것이 중요하다. 한편으로 마귀는 적, 현혹하고 속이는 자, 강탈자이고, 다른 한편으로 인간에 대한 특정한 권리를 가진 자다. 전자의 개념은 철저히 이원론적이며, 하나님과 악의 전형이자 화신 사이의 갈등을 나타낸다. 후자는 이원론의 한계선을 보여 준다. 왜냐하면 마귀는 하나님과 동등하면서 반대되는 세력이 아니며, 그에게 인간에 대한 권세가 있다면 궁극적으로 하나님으로부터 비롯된 것이기 때문이다. 또한 그는 죄를 지은 인간에 대한 하나님의 심판을 집행하기 위해 서 있기 때문이다. 이러한 생각은 때때로 매우 조잡한 형식으로 표현되지만, 그렇더라도 래시덜을 비롯한 사람들이 마귀의 권리에 관한 교부들의 언어를 비도덕적이라고 말하는 것은 전혀 정당화될 수 없다. 실제 기저에 있는 사상은 비도덕과는 정반대다. 이는 근본적으로 죄에 대한 인간의 책임을 주장하고, 인류에게 내려지는 심판이 의로운 심판임을 주장하기 때문이다. 만일 교부들이 비난받아야 한다면, 그들은 이런 이유로 비난받을 게 아니라, 이 주장의 **양쪽**

면을 고수하여 명확히 주장할 만큼 대담하지 못했기 때문이다. 즉, 마귀가 하나님의 적이며 또한 하나님의 심판 집행자임을 한꺼번에 주장하지 못했기 때문이다. 이 점은 나중에 다시 다룰 것이다.[20] 그러나 만약 이러한 생각이 옳다면, 나지안주스의 그레고리우스가 몸값 지불이라는 발상을 거부한 것은 별로 칭찬받을 만한 일이 아니다.

넷째, 마귀를 속임과 관련하여, 그러한 사고를 하나님께 적용하는 것은 적어도 위험한 일이고, 이에 대한 실재론적 표현을 문자 그대로 받아들이면 터무니없다는 점은 굳이 말할 필요가 없다. 그러나 우리는 루터가 이러한 비유를 가장 기괴한 형태까지도 선뜻 취해서, "숨어계신 하나님"[21]에 관한 가장 깊은 가르침 중 일부의 시작점으로 삼았다는 점을 되새겨 볼 수 있다. 물론 교부들에게서 이런 심오한 해석을 찾아볼 수는 없다. 그러나 겉보기에 기상천외한 관념들 뒤에는 악의 세력이 선의 세력과 충돌할 때, 즉 하나님과 갈등할 때 궁극적으로 도를 넘다가 자충수를 둔다는 생각이 자리 잡고 있다. 악은 승리한 것처럼 보이는 순간에 전투에서 패한다.

4. 속죄 드라마의 이중적 측면

고전 속죄 개념의 본질적 특징 하나는 양면성이다. 한편으로, 구속

20   이 책 pp. 93-95를 보라.
21   이 책 p. 161을 보라.

드라마는 이원론적 배경에서 펼쳐지며, 그리스도 안에서 하나님은 인류를 노예 삼는 '폭군'과 싸워서 승리하신다. 다른 한편으로, 하나님께서 그렇게 하심으로써 세상과 화해하게 되시고, 적대가 사라지며, 하나님과 인류 사이의 새로운 관계가 수립된다. 우리는 이레네우스에게서 그리스도의 승리가 어떻게 하나님과 세상 사이의 화해를 가져오는지 보았지만, 이 이중적 측면은 후대 교부들의 글에 점점 더 선명하게 드러난다. 그들은 이제 그리스도께 패한 마귀와 죽음이 다른 관점에서 보면 죄를 지은 인간에 대한 하나님의 심판 집행자이기도 하다는 점을 명확하게 가르친다. 이는 구속 드라마의 이중적 측면을 분명하게 보여 준다. 하나님은 화해의 주체이자 동시에 대상이시다. 하나님은 세상을 자신과 화해시키는 행위로 화해되신다. 이러한 양면성은 그리스도의 죽음의 의미를 설명하는 데 사용되는 대부분의 비유에 나타난다.

몸값 이미지는 자연스럽게 악의 권세와 연결되는데, 왜냐하면 몸값을 지불받는 대상이 바로 악의 세력이기 때문이다. 그러나 때때로 우리는 이를 긍정하는 것을 꺼리기에, 몸값이 하나님께 지불되었다고 할 수도 있다. 하지만 이렇게 진술한다고 해서 라틴 유형의 교리가 고전 속죄 개념을 대체했다는 의미는 아니다. 왜냐하면 이러한 양면성이 고전 개념의 본질이기 때문이다. 악, 죽음, 마귀의 세력으로부터의 구출은 죄에 대한 하나님의 심판으로부터의 구출이기도 하다.

이는 빛 이미지에도 해당한다. 빛 이미지는 몸값 이미지와 비슷하지만, 훨씬 덜 자주 사용된다. 아타나시우스는 하나님 말씀이 자기 몸을 바쳐서 "자기 죽음으로 모두의 빚을 갚으시고" 그로써 죽음이 "만족되었다"고 말한다. 그는 또한 이러한 생각을 희생 개념과 연결해서, "말씀은 자신이 취한 몸을 죽음을 통해 봉헌물로, 흠 없는 희생 제물로 드리셨고, 그렇게 대신vicarious 희생하셔서 모든 형제의 죽음을 제거하셨다."[22] 빚은 주로 죽음에 갚은 것으로 간주되지만, 그는 또한 하나님께 "명예의 빚"을 갚은 것이라고도 말한다. 이러한 문구의 대체는 인간을 죽음에 종속시킨 것이 하나님의 의의 심판이었음을 의미한다. 아타나시우스는 결코 고전 관점에서 벗어나지 않았다. 빚을 갚는 것은 로고스가 수행하는 하나님 자신의 행위이며, 동시에 그 변제를 받으시는 분도 하나님이시다. 이것이 라틴식의 합리적 이론과 같다는 말은 특히 사실이 아니다. 라틴 이론에 따르면 하나님의 정의에 대한 만족이 인간 편에서, 아래에서 지불되기 때문이다. 아타나시우스가 히브리서 2:14를 바로 이런 맥락에서 인용한다는 점은 매우 중요하다. "자녀들은 혈과 육에 속하였으매, 그도 또한 같은 모양으로 혈과 육을 함께 지니심은 죽음을 통하여 죽음의 세력을 잡은 자, 곧 마귀를 멸하려 하심이다."

그리스도께서 감당하신 고난이 인간이 마땅히 받아야 할 형벌을 감당하신 것으로 간주될 때조차도, 이 또한 동일한 이중적 측면의 예다. 그리스도께서 죄에 대한 하나님의 심판에 포함된 형벌을 받으

22　아타나시우스, 《말씀의 성육신에 관하여》 9.

실 때, 이는 하나님 자신의 일인 구속 사역이 성취되는 것이며, 이로써 폭군들이 패배하고 화해가 이루어진다.

희생 이미지 사용에서도 같은 점을 볼 수 있다. 하르낙은 그리스 교리에 따르면 모든 것이 오로지 성육신만으로 이루어지기에 희생 개념은 본질적으로 그리스 교리에 맞지 않다고 주장했는데,[23] 이는 사실과 다르다. 하르낙이 찾아내고자 하는 그리스 개념과 라틴 개념의 대조는 다음과 같이 표현하는 것이 더 좋을 것이다. 전형적인 라틴 속죄관은 희생을 항상 인간이 하나님께 드리는 것으로 여기고, 이를 논리적 이론으로 풀어 나간다. 하지만 고전 속죄 개념은 동방에서든 서방에서든 항상 양면성이 그 특징이다. 희생은 폭군을 패배시키는 수단이지만, 폭군과 하나님이 죄를 심판하시는 것은 밀접하게 연관된다. 하나님이 희생을 받으신다는 생각은, 속죄가 이루어지기 전에 하나님의 정의를 만족시키기 위해 하나님께서 인간 편에 무엇을 요구하시는지에 대한 이론적 계산에 근거하지 않는다. 오히려 이러한 생각에서 희생은, 신의 섭리 가운데 신의 화해 의지가 화해를 실현하는 수단이며 또한 속죄를 이루기 위해 하나님께서 얼마나 큰 비용을 치르셨는지를 보여 주는 것이다. 나지안주스의 그레고리우스가 한 말은 이를 특히 잘 설명해 준다.

"아버지께서 희생을 받으신 것은 그분이 요구하시거나 필요하셨기 때문

---

23   Harnack, *History of Dogma*, III, 305 이하.

이 아니라, 신의 섭리 때문임이 분명하지 않은가? … 하나님 자신의 힘으로 폭군들을 패배시키시고, 자기 아들의 중재로 우리를 자신에게 데려오셔서, 직접 구출하시기 위해서 말이다."[24]

이와 같이 희생은 외부에 있지 않고, 하나님의 뜻과의 내적 관계에 있다. 그레고리우스의 문장은 만델 덕분에 인용할 수 있었는데, 만델은 이러한 점을 다음과 같이 표현한다. "죄인이 영벌에 속한 것, 마귀에게 속한 것은 하나님이 세상을 다스리시는 법칙과 섭리이므로, 희생은 결국 이러한 하나님의 뜻과 관련된다."[25]

　서방의 아우구스티누스도 본질적으로 동일한 노선을 취한다.[26] 그는 인류에게 임박한 하나님의 심판에 대해 대다수의 그리스 신학자보다 더 강조하여 말하지만, 그렇다고 해서 라틴 속죄 교리로 기울어지지는 않는다. 오히려 라틴식 개념을 거부하려는 의도가 있는 것으로 보인다. 그는 아들의 죽음이 아버지 하나님을 어떤 식으로든 '진정시킬' 수 있다는 생각을 부정한다. 만일 그것이 가능하다면, 아버지와 아들 사이에 어떤 식의 차이, 심지어 갈등이 있었다는 것인데, 이는 상상할 수도 없다. 아버지와 아들 사이에는 언제나 가장 완전한 조화가 있기 때문이다. 아우구스티누스는 성육신 교리와 삼위일체 교리에 기초하는 자기 특유의 방식으로 논증을 펼친다.

24　나지안주스의 그레고리우스, 《연설 45편》.
25　Hermann Mandel, *Christliche Versöhnungslehre*, p. 219.
26　특히 아우구스티누스, 《삼위일체론》 제IV권을 보라.

우리가 고전 속죄 개념에서 관찰한 양면성은 고전 개념과 라틴 교리 사이의 또 다른 대조를 드러낸다. 고전 속죄 개념은 양면성 때문에 이성적으로 일관된 이론을 구성하기가 거의 불가능하다. 반면 라틴 교리는 그 구조 자체가 이성적인 이론이며, 이 교리의 관점에서 볼 때 고전 개념은 늘 명확성이 부족해 보일 수밖에 없다. 그러나 최고 수준의 신학적 지혜를 나타내는 데 이러한 이성적 명료성이 요구되는지 의심해 볼 여지가 있다.

그러나 교부들의 가르침에 나타난 것처럼, 고전 속죄 개념은 사실 명확하고도 매우 중요하다. 그것은 하나님이 구속 사역을 이루기 위해 인간에게 오셨고, 성육신과 구속은 뗄 수 없는 관계이며, 하나님께서 사람을 속박하는 적대 세력을 그리스도 안에서 이기셨음을 설명한다. 동시에 이 적대 세력은 하나님의 뜻을 집행하는 자이기도 하다. 교부 신학은 이원론적이지만, 절대적 이원론은 아니다. 죽음의 권세와 마귀로부터 사람을 구출하는 것은 하나님의 심판에서 구출하는 것이기도 하다. 하나님은 세상을 자기와 화해시키시는 자신의 행위로 화해되신다.

이렇게 해서 악의 권세는 깨진다. 즉, 죄와 죽음이 더 이상 존재하지 않는다는 의미가 아니라, 그리스도께서 마귀를 단번에 정복하셨으므로 그의 승리는 원리상 보편적이며, 그의 구속 사역은 사람들을 하나님과 연합하게 하시고 '신화하시는' 성령을 통해, 어디서나 계속될 수 있다는 뜻이다. 그리고 죽음과 관련해서 아타나시우스에 따르면, 그리스도의 제자들은 죽음이 더 이상 자신들을 지배하지 않기에 죽음을 두려워하지 않는다. 그는 "십자가라는 표적과 그리스도에 대한 믿음으로, 죽음을 그 자체로 이미 죽은 것처럼 짓밟는다"[27]라고 말한다. 죽음이 적에서 친구로 바뀌었다고도 할 수 있을 것이다.

결론적으로 두 가지를 강조할 수 있다. 첫째, 고전 속죄 개념의 양면성은 하나님이 화해시키시는 분이자 화해되시는 분임을 의미한다. 이제 세상이 하나님과 새로운 관계에 있을 뿐만 아니라, 하나님께서도 세상과 새로운 관계에 계신다. 따라서 고전 개념은 나중에 안셀무스 교리가 강조할 실정적positive 요소를 표현하고 있다.

둘째, 교부들은 속죄를 하나님이 하시는 구원 사역으로 여김에 있어, 인간 안에서 그리고 인간을 통해 이루어졌다는 사실을 간과하지 않는다. 성육신은 하나님의 선하심의 현현이며, 육신 안에서in carne, 인간 본성이라는 조건 아래서 구원 사역을 성취하시는 것이다. 교부들은 그리스도 안에 있는 인간의 지성과 정신을 로고스가 대체한다는 아폴리나리우스주의 이단과, 그리스도 안에서 인성이 신성에 흡수되었다는 단성론 이단을 거부한다. 이 두 이단 모두 "사망이 한 사람으로 말미암았으니, 죽은 자의 부활도 한 사람으로 말미암는도다"라는 바울의 말을 부정한다. 이와 같이 정통 신학자들은 그리스도께서 참으로 사람이 되셨음을 굳게 고수함으로써, 이후 '인간 중심적' 교리가 그리스도를 "대표적 사람"이라고 말할 때 표현하고자 했던, 그러나 완전히 성공적으로 표현하지는 못했던 실정적 진리를 드러낸다.

---

27   아타나시우스, 《말씀의 성육신에 관하여》 27.

4

신약성경

1. 신약성경 가르침에 대한 해석들

만일 '고전 속죄 개념'이 그리스도교 신앙의 고전인 정경들에서 지배적 견해가 아니라면, 우리가 그렇게 이름한 것은 분명 부당하게 가정한 것이다. 여태껏 우리가 이미 그렇게 결론을 가정해 온 것이 아니었냐고 물을 수 있을 것이다. 어쨌든 이러한 가정 없이 진행하기는 어렵다. 속죄에 대한 주요 해석들이 모두 신약성경에 그 근거를 두려 했다는 점은 분명하다. 라틴 교리를 대표하는 사람들─안셀무스와 더 나아가 17세기 신학자들─은 자신들의 교리를 성경적 교리로 보았고, 이러한 점이 완전히 자명하다고 생각했다.

하지만 이 문제를 순전히 객관적인 측면에서만 보고, 사안의 사전事前 개연성을 추정해 보자. **만일 고전 속죄 개념이 교부 시대 전체를**

지배했고, 반면 라틴 교리는 교부 시대에 그저 서방에 등장하기 시작했을 뿐이고 중세에 이르러서야 완전히 표현되었다면, **그렇다면** 고전 개념이 사도적 그리스도교에 확고히 뿌리내린 생각일 가능성이 매우 크다. 사도 시대에 표현된 적 없었던 속죄 개념이 초기 교회 때 갑자기 나타나서 보편적으로 수용되었을 개연성은 거의 없다. 따라서 우리가 이러한 사전 개연성을 염두에 두고 신약성경 증거 검토에 착수하는 것이 정당하다고 할 수 있다.

속죄가 과거 수 세기 동안 정통주의 만족 이론의 수용 또는 거부의 관점에서 일반적으로 연구되어 왔다는 것이 사실이라면, 이는 신약성경 주해에 특히 해당하는 사실일 것이다. 개신교 정통주의 신학자들은 하나님의 정의를 만족시킨다는 이론을 신약성경 어디에서나 볼 수 있다고, 아니, 신약과 구약 모두에 전제되어 있다고 생각했고, 이를 당연시했다. 속죄에 관한 '성경적 증거들'은 주로 구약성경에서 도출되었는데, 이는 매우 중요한 점이다. 신약성경에서는 바울의 가르침에 특별히 무게를 두었다―특히 로마서 3:24와 같은 중요한 구절에 무게가 실렸다. "그리스도 예수 안에 있는 구속으로 말미암아 하나님의 은혜로 값없이 의롭다 하심을 얻은 자 되었느니라. 이 예수를 하나님이 그의 피로써 믿음으로 말미암는 화목제물propitiation로 세우셨으니, 이는 하나님께서 길이 참으시는 중에 전에 지은 죄를 간과하심으로 자기의 의로우심을 나타내려 하심이니." 이 구절과 구속이나 희생에 대한 다른 암시들, 그리스도의 피에 대한 언급들, 그리스도께서 우리 죄를 위해 죽으셨다는 언급들, 우리를 위해 혹은 대신하여 고난받으셨다는 언급들이 확실히 만족 이론의 기반이라고 여겨졌다.

'주관적' 견해 또는 모범론의 대변자들도 이 지점에서 논쟁에 참여했다. 바울 교리를 중심으로 논쟁이 격렬해졌다. 예수님과 바울의 관계에 관한 19세기의 논의는 구속 교리와 관련하여 가장 첨예했다. 자유주의 신학자들은 때때로 바울의 가르침에 관한 정통 해석을 받아들이기도 했는데, 이 경우 바울은 안셀무스 속죄 교리의 실제 창시자로 간주되었고, 바울의 신학은 원형적이고 진정한 복음을 담고 있는 그리스도교에서 쇠퇴가 시작된 시점으로 여겨졌다. 때로는 이 위대한 사도가 더 많은 존경을 받았으며, 이런 경우는 그의 가르침을 현대화하여 해석하려는 강한 경향이 나타났다. 그의 가르침은 만족 이론으로 완전히 요약될 수 없다고 주장되었고, '주관적' 견해와의 접촉점을 찾기 위한 노력이 있었다. 혹은 그의 신학과 그의 종교를 구별하여 바울을 다루려는 시도가 있었고, 후자를 훨씬 선호했다. 그의 신학은 부차적이고 덜 본질적인 것으로 취급되었다. 이는 특히 그의 신학이 논쟁적 목적에 따라 개발되었고, 대체로 유대교화 하려는 반대자들이 문제를 진술한 형태에 의존했기 때문이다. 전형적인 예를 A. 다이스만의 책 《예수의 종교와 바울의 신앙》*The Religion of Jesus and the Faith of Paul*에서 볼 수 있다. 여기서 말하는 바울 해석의 가장 큰 오류는 "바울이 본래 속한 영역인 살아 있는 종교의 영역에서 신학의 영역으로 그를 옮겨 놓은 것이다. 신학의 영역이 그에게 완전히 이질적이지는 않지만 그럼에도 분명 부차적이다." 다이스만은 바울과 그리스도의 개인적 관계에 중점을 두어야 하는지, 아니면 그의 그리스도론에 중점을 두어야 하는지 묻는데, 이는 이 둘의 뚜렷한 대조를 가정한 것이다.

우리는 이 차이에 의문을 제기할 권리가 있다. 바울은 스콜라 신학자가 아니며, 그에게서 완전히 명료한 신학 체계를 발견할 수 있다는 오래된 가정이 건전하지 않다는 것은 맞다. 그러나 바울의 종교와 그의 신학을 구분하는 것은 그에게 자기 믿음의 내용이 상대적으로 부차적이며 비본질적임을 암시하는 것으로 보이는데, 이는 명백히 불가능한 일이다. 사실, 그의 종교와 신학을 이렇게 구분하는 것은 저런 저자들에게는 명확하고도 필요해 보였지만, 실제로는 전혀 명확하지 않다. 이는 믿음과 믿음 내용의 관계에 관한 19세기 자유주의자들의 매우 불분명한 생각에 근거한 것이다. 그다음 단계에서는 바울이 '신비주의자'로 취급되기 시작한다. 이 모호한 단어에서 비롯된 흔한 결과는 문제의 핵심을 흐리고 불분명하게 만드는 것이다.

그러나 최근 몇 년 동안 신약성경 해석에서 혁명 같은 것이 일어났다. 비교 종교학파라는 말을 매우 넓은 의미로 쓴다면, 비교 종교학파는 이러한 변화에 큰 공을 세웠다. 비교 종교학자들은 사실 어느 정도의 오만함에서 면역되어 있지 않았지만, 그럼에도 정통주의와 자유주의가 서로 다르면서도 교조적이라는 점에서는 다르지 않은 그들의 해석 방법에서 벗어나기 위한 진정한 길을 제공했다고 할 수 있다. 일반적으로 알려진 것처럼 새로운 방법에도 그 나름의 결함이 있었다. 다른 종교에서 도출한 유사점에 지나치게 만족하거나, 그리스도교 문헌의 더 깊은 의미를 간파하지 못하는 경우가 너무 많았다. 그러나 이렇게 결점들 때문에 새로운 방법들이 가져온 큰 성과들을 덮어서는 안 된다. 자유주의의 현대적 해석 대신 사도 그리스도교의 '원시적' 특징들이 매우 활발히 강조되었는데, 이는 현대인의 관점과 극명히 대조되는 특징이다. 새로운 급진적 해석들이 가장 분명하게 도전을 가한 대상은 19세기 자유주의 개신교인 것 같지만, 그렇다고 해서 보수적 관점으로 돌아가는 것과 상관있는 것은 아니다. 실제로 우리는 보수주의와 19세기 자유주의가 똑같이 간과했던 원시 그리스도교의 중요한 특징들을 인식하게 되었다. 이를테면 신약성경의 종말론적 전망이 결정적으로 중요했다는 점 같은 것들이다. 동시에 사도 시대의 구원 개념과 속죄 개념에도 새로운 빛이 비추어진다.

내가 판단하기로는 이런 새로운 관점을 가장 명확히 표현한 첫 책은 1904년 출간되어 분량은 적지만 많은 화제를 불러일으킨 W. 브레데의 소책자 《바울》*Paulus*이다. 이 책에는 논란의 여지가 다분한 내용도 많지만, 그럼에도 문제를 탁월할 정도로 명확하게 조사한다. 이후 저술가들은 대체로 이 주제에 대해 이러한 명확성에 이르지 못했다. 현재 우리의 목적상 두 가지 점이 특히 중요하다. 첫째, 브레데는 바울 종교와 바울 신학을 대립시킨 기존 방식의 불만족스러운 점을 간파했다. 그는 말하기를, "신학은 결코 바울에게 부차적이지 않으며, 바울의 경험을 해석하거나 객관화한 것으로 여겨질 수 없다. …

사도의 종교는 철저히 신학적이며, 그의 신학이 그의 종교다."[1] 브레데가 의미하는 바는, 바울이 선포할 메시지는 바울 자신에게 완전히 명확했으며 바울은 메시지의 내용이 부차적이지 않고 오히려 가장 중요하다고 인식했다는 것이다.

둘째, 브레데는 바울의 가르침을 하나의 전체로 조망하려는 의지를 분명히 드러낸다. 바울의 가르침은 단순히 조각조각 이어 붙인 것으로 이해될 수 없고, 모든 것이 하나의 중심점을 중심으로 묶여 있으며, 그 중심점은 바로 구속이다. 바울은 사람을 객관적 악의 권세에 속박된 존재로 본다. 악의 권세는 일차적으로 '육신', 죄, 율법, 죽음이다. 이것들은 순전히 추상적 표현이나 은유에 그치는 게 아니라, Wesenheiten, 곧 실재들, 활동 세력들이다. 바울은 이차적으로 또 다른 종류의 악의 권세에 대해 말하는데, 그것은 귀신, 정사, 권력으로 이루어진 질서이며, 이 세상에서 통치권을 행사하고 있다. 하나님께서는 이들이 당분간 지배하도록 허락하셨다. 사탄은 귀신 세력의 우두머리다. 그리스도께서 오신 목적은 사람들을 이 모든 악의 세력으로부터 구출하는 것이다. 그리스도께서는 하늘에서 내려오셔서, 이 세상의 권세들에 복종하게 되다가, 마침내 자신의 죽음과 부활로 그들을 이기실 것이다. 귀신 세력들은 "영광의 주를 십자가에 못" 박는다―브레데는 고린도전서 2:8을 이렇게 해석한다. 하지만 그들은 바로 그런 행위를 통해 패배하고, 그리스도는 부활하셔서 새 생명으

---

1   William Wrede, *Paulus*, 48.

로 넘어가신다. 그리스도의 사역은 모두에게 유익하다. "한 사람이 모든 사람을 위하여 죽었은즉, 모든 사람이 죽은 것"처럼, 그리스도의 승리를 통해 모든 사람이 악의 권세에서 자유로워진다. 브레데는 특히 부활이 죽음만큼이나 중요하다고 강조한다. 바울이 죽음의 의미를 설명하는 데 더 많은 시간을 할애했다면, 그 까닭은 부활 자체가 부활에 대한 설명이기 때문이다. "하나님의 아들 그리스도께서 아들 됨을 포기하시고, 우리와 같은 비천한 사람이 되신 것은 우리로 하여금 하나님의 자녀가 되게 하려 하심이다. 그리스도는 죄의 영역에 내려오셔서 죽음으로 죄를 이기셨다. 이로써, 죄에 종노릇하며 쇠약해지고 있던 우리가 자유롭게 된다─이러한 문구가 그가 의미한 바의 핵심을 표현한다."[2] 이러한 해석이 바울 메시지에서 전적으로 핵심적인 내용을 나타낸다는 점은 이론의 여지가 거의 없다.

2. 바울 서신의 구속 드라마

신약성경의 속죄 개념에 대한 다양한 해석을 고찰하면서 우리는 바울에 이르렀다. 우리는 그의 가르침에 대해 상당한 분량을 할애할 수밖에 없는데, 왜냐하면 그의 가르침이 논쟁의 중심에 있기도 하고, 흔히 그를 라틴 속죄 교리의 실제 창시자로 생각해 왔기 때문이다.

---

2   Wrede, *Paulus*, 65.

그러나 만일 브레데가 옳다면, 바울의 가르침은 '정통주의' 내지 라틴 유형도 아니고, '주관적' 내지 자유주의 유형도 아니다. 오히려 실상은 우리가 연구한 교부들의 견해와 밀접하게 연관되며, 고전 유형에 속한다. 바울의 가르침에는 동일한 이원론적 관점, 동일한 싸움과 승리 개념, 인류를 속박한 악의 세력에 관한 동일한 개념, 하늘에서 내려오신 그리스도─즉, 친히 구원하러 오신 하나님─께서 그들 세력을 이기신다는 동일한 생각이 담겨 있다. 그것은 논리적으로 명확하게 표현된 구속 **이론**이 아니라, 더 정확히 말하자면 개념, **모티프**, 주제로, 바울이나 초기 교회의 글에 본질적으로 동일한 생각이 담겨 있지만, 이를 표현하는 방식은 계속 변한다.

그렇다면 바울과 교부들이 고전 속죄 개념을 설명할 때, 표현상의 주요 차이는 무엇인가?

첫째, 바울과 교부들은 죄와 죽음을 하나로 묶어 불가분하게 연결하지만, 바울은 대부분의 교부와 달리 마귀에 대한 언급을 훨씬 적게 한다. 그 대신 몇몇 중요한 구절에서 그리스도께서 크게 싸워 이기신 귀신 세력의 거대 복합체, 곧 "정사와 권세"에 대해 언급한다. 또한 그는 사람을 속박하는 세력 중에 율법도 포함시키는데, 이것이 바울과 교부들의 견해 사이에서 가장 두드러지는 대조점이다. 그리스도의 승리는 율법을 권좌에서 몰아내고 사람을 율법의 속박에서 구출하는 것이다.

죄와 죽음의 병치에 관해서는 간단한 언급으로 충분하다. 죄는 인간을 속박하는 세력 중에서 가장 중심 자리를 차지한다. 다른 모든 세력은 죄와 직접적으로 관련된다. 무엇보다도, 때때로 거의 의인화 되다시피 하는 "맨 나중에 멸망 받을 원수"(고전 15:26)인 죽음은 죄와 가장 밀접하게 연관된다. 죄가 다스리는 곳에서는 죽음도 다스린다. 그리스도를 통해 죄에서 자유롭게 되는 것은 죽음의 지배에서 구출되는 것이기도 하다. 그리스도께서 이루신 구원으로 "모든 사람이 의롭다 하심을 받아 생명에 이르렀다"(롬 5:18). "이와 같이 너희도 너희 자신을 죄에 대하여는 죽은 자요 그리스도 예수 안에서 하나님께 대하여는 살아 있는 자로 여길지어다"(롬 6:11).

바울이 인류를 종노릇하게 하는 힘 중에서 율법을 꼽았다는 사실은 매우 괄목할 만한데, 이는 우리가 교부들의 고전 속죄 개념에서 발견했던 양면성을 더욱 예리한 형태로 보여 준다. 교부들의 가르침에서 죽음과 마귀는 하나님을 적대하는 세력인 동시에, 죄에 대한 하나님의 심판을 집행하는 자다. 바울의 가르침에서 하나님의 율법 자체는 어떤 측면에서 적대 세력이다. 율법은 한편으로 "거룩하고 의로우며 선하다." 다른 한편으로 "사망이 쏘는 것은 죄요, 죄의 권능은 율법"(고전 15:56)이며, "무릇 율법 행위에 속한 자들은 저주 아래에 있다"(갈 3:10).

율법이 죄에 대해 가차 없이 유죄 판결을 내린다는 사실이 율법이 적대 세력으로 간주되는 유일한 이유는 아니다. 주된 이유도 아니다. 진짜 이유는 더 깊은 데 있다. 율법이 권하는, 더 정확히 말해 요구하는 법적인 의의 길은 구원과 생명으로 이어질 수 없다. 그 길은 인간 공로의 길과 마찬가지로 하나님께로 이어지는 길이 아니라, 하나님과 멀어지고 점점 더 깊은 죄에 이르는 길이다. "일하는 자에게는 그 삯이 은혜로 여겨지지 아니하고, 보수로 여겨지거니와"(롬 4:4), "계명이 이르매 죄는 살아나고 나는 죽었도다"(롬 7:9). 따라서 율법은 적이며, 그리스도는 율법의 폭정에서 우리를 구원하기 위해 오셨다. "그러므로 내 형제들아, 너희도 그리스도의 몸으로 말미암아 율법에 대하여 죽임을 당하였다. 그래서 다른 이, 곧 죽은 자 가운데서 살아나신 이에게 가게 되었다"(롬 7:4). 그리스도께서 "율법의 저주에서 우리를 구속하셨다"(갈 3:13). 그는 "우리를 거스르고 불리하게 하는 법조문으로 쓴 증서를 지우시고 제하여 버리사 십자가에 못 박으셨다"(골 2:14). 그래서 그리스도는 "의를 이루기 위하여 율법의 마침이 되신다"(롬 10:4). 원수인 율법은 패배하였다.

이러한 본문은 유대교 및 모든 율법적 종교에 대한 바울의 반대를 가장 분명하게 표현한다. 그리스도께서 율법을 종결시키셨다는 사실은 율법의 의가 더 이상 하나님과 세상의 관계에 관해 마지막 결정적인 말을 할 수 없음을 의미한다. 신적 사랑은 공로와 정의라는 범주에 갇힐 수 없으며, 그것들을 조각내기 때문이다.

바울 가르침의 이러한 특징이 교부들의 글에서, 심지어 신약성경 중 후기에 쓰인 글에서도 뚜렷하게 약화되었으며, 사실상 마르틴 루터에 이르러서야 다시 강하게 나타났다는 점은 중요하다. 교부들은 속죄를 연속적인 신적 사역으로 생각했기에, 속죄가 공로와 정의라는 법적인 체계로 이해될 리 만무했다. 고전 속죄 개념은 항상 반도덕주의적이었고, 실제로 도덕주의에 대한 초기 교회의 가장 확실한 방어막 역할을 해 주었다. 그렇더라도 초기 교회가 바울 사상의 기본 활력 하나를 잃은 것은 분명하며, 은혜 주심이 더 이상 완전한 역설로 보이지 않게 되었다. 아마도 이 설명에서 가장 중요한 부분은 마르키온과의 논쟁에서 찾을 수 있을 것이다. 마르키온은 율법에 대한 바울의 가르침을 매우 과장하여 희화화했다. 그의 반도덕주의는 순전히 율법폐기론이 되었다. 한편으로 거룩하고 의롭고 선하고 다른 한편으로는 속박의 도구라는 율법 개념의 이중적 측면을 마르키온은 전혀 견지하지 못했다. 그는 율법을 완전히 부정했다. 교회 신학자들은 이에 대해 필연적으로 반발하다 보니 반대 방향으로 치우쳤고, 그래서 바울 사상의 힘을 어느 정도 빠뜨리게 되었다. 그러나 이 논쟁은 이미 이와 무관하게 작동하던 경향을 그저 강화했을 뿐이라는 점을 인정해야 한다.

적대 세력 무리에는 귀신적인 "통치자들", "권세들", "임금들", "지배자들"이라는 복합 세력도 포함된다. 이들은 "이 악한 세대"(갈 1:4, RV 난외주)에서 다스리지만, 그리스도께서 이들을 이기셨다. 마귀에 대한 직접적 언급은 비교적 적지만, 마귀는 의심의 여지 없이 귀신 무리의 우두머리로서 그들 뒤에 서 있다고 여겨진다. 특히 골로새서에서는 그리스도께서 귀신 세력들을 이기셨다는 주제가 매우 중요하다. 그래서 골로새서 2:15는 다음과 같이 말한다. "통치자들과 권세들을 무력화하여, 드러내어 구경거리로 삼으시고, 십자가로 그들을 이기셨느니라." 마르틴 디벨리우스는 자신의 책《바울 신앙에서 영의 세계》*Die Geisterwelt im Glauben des Paulus*에서 이 주제를 철저히 검토한다.

그는 골로새서가 친서임을 고수하는 입장인데(그러나 에베소서는 제외), 바울의 핵심 서신들에서 골로새서의 이러한 주제와의 풍부한 유사점을 찾을 수 있는 좋은 근거를 보여 주었다. 다음과 같은 구절들이 그렇다. 그리스도께서 마침내 "모든 통치와 모든 권세와 능력을 멸하시고" "모든 원수를 그 발 아래에 둘 때" 아버지의 나라를 넘겨드릴 것이다(고전 15:24-25). "하늘에 있는 자들과 땅에 있는 자들과 땅 아래에 있는 자들로 모든 무릎을 예수의 이름에 꿇게 하시고"(빌 2:10). "누가 우리를 그리스도의 사랑에서 끊으리요? … 내가 확신하노니 사망이나 생명이나, 천사들이나 권세자들이나, 현재 일이나 장래 일이나, 능력이나 높음이나 깊음이나 다른 어떤 피조물이라도, 우리를 우리 주 그리스도 예수 안에 있는 하나님의 사랑에서 끊을 수 없으리라"(롬 8:35-39)—이러한 구절들은 이 주제가 바울에게 우연히 나타난 주제가 아님을 분명히 보여 준다. 왜냐하면 바로 가장 핵심 주제인 그리스도 안에 있는 하나님의 사랑을 길게 설명하는 구절에서 반복되기 때문이다. 이 주제는 또한 구속 사역의 객관적 성격과 보편성을, 구속이 온 우주에 영향을 미친다는 점을 강조한다.

우리는 지나가는 말로 귀신 세력들에 대한 그리스도의 승리가 계속해서 속사도 저술가들도 좋아하는 주제였다는 점을 언급할 수도 있다. 특히 변증가들이 이를 계속 언급한다. 그러나 2세기 후반부터 귀신 세력들은 배경으로 밀려나고, 그 자리를 마귀가 차지한다. 앞서 보았듯이 마귀는 교부들의 해설에서 중심 자리를 차지한다.

우리는 적대 세력에 대한 그리스도의 승리가 바울 사상에 얼마나 핵심적인지 보았다. 이 세력들이 아직 완전히 소멸된 것은 아니다. 바울은 새로운 세대가 도래하여 "적들"이 모든 힘을 빼앗기는 "마지막"을 바라본다(고전 15:24 이하). 하지만 결정적 승리는 이미 이루어졌다. 그리스도께서는 자기 권세를 취하셨고, 마침내 모든 적이 그에게 복종할 때까지 통치하신다. 그리스도의 승리는 모든 인류에게 유익하다. 그리스도는 새로운 영적 인류의 머리시다. 아담을 통해 죄가 세상에 들어오고, 죄를 통해 죽음이 들어온 것처럼, 둘째 아담을 통해 죄의 권세로부터의 구출과 새로운 생명이 온다. 우리는 그리스도와 함께 죽고, 그리스도와 함께 다시 살아난다. 예수님은 모두를 위해 죽으셨고, 다시 살아나셨다. "예수는 우리가 범죄한 것 때문에 내줌이 되고, 또한 우리를 의롭다 하시기 위하여 살아나셨느니라"(롬 4:25). 그의 사역은 우리를 위한 것이며, 대신하는 효력이 있다.

　이 지점에서 구원과 구출 사역은 또한 하나님과 세상 사이의 속죄 사역, 곧 화해 사역임을 분명히 이해하는 것이 무엇보다도 중요하다. 그리스도께서 악의 세력을 이기신 것이, 그로써 인간을 구출하시는 것이 단지 구원 사역일 뿐 속죄 사역이 아니라고 말하는 것은 완전히 오도하는 것이다. 두 개념은 그렇게 분리될 수 없기 때문이다. 하나님과 세상 사이의 속죄和解를 **구성하는** 것이 바로 그리스도께서 악의 권세를 깨뜨리시는 구원 사역이다. 구원 사역을 통해 적을 제거하시고, 인류에게 임한 심판을 없애시며, 세상을 자기와 화해하게 하시고, 그들의 죄를 그들에게 돌리지 아니하신다(고후 5:19). 이레네우스를 비롯한 교부들의 가르침을 바탕으로 구원과 속죄가 하나이며 동일한 것이라고 보는 게 옳다면, 바울의 가르침은 더 깊고 철저하게 이에 해당한다. 고전 속죄 개념에 내재한 이중적 측면은, 바울이 율법을 한편으로 거룩하고 선한 것으로 다른 한편으로 인류를 속박하는 힘으로 보았던 부분에 교부들보다 더 예리하게 표현되어 있다. 따라서 바울의 구원 교리가 또한 속죄 교리라는 점은 훨씬 더 분명해진다. 하나님은 그리스도를 통해 자신의 심판과 율법으로부터 인류를 구원하시고, 공로와 정의의 질서를 초월하는 새로운 관계를 수립하신다.

하나님 자신이 그리스도 안에서 구원과 속죄를 모두 이루셨다는 이 핵심 사상은 다음과 같은 구절들을 이해하는 열쇠를 제공한다. "우리를 위해" 또는 "우리를 대신하여"와 같이 그리스도의 대신하는 사역에 대해 말하는 모든 구절, 그리고 그리스도의 "피로 세운 새 언약"(고전 11:25), "그리스도의 피에 참여함"(고전 10:16), 그리스도의 "피로 말미암은 의롭다 하심"(롬 5:9), 그리스도께서 "우리의 유월절 양"으로 희생되심(고전 5:7)과 같은 것을 말하는 모든 구절을 이해하는 열쇠다. 바울은 희생 개념을 전적으로 고전 개념의 테두리 안에서 사용한다. 주목할 점은 슈미츠가 지적했듯이,[3] 바울은 그리스도의 죽음에 관해 말할 때와 마찬가지로, 그리스도의 사도로서의 자기봉헌에 관해 말할 때도 희생 이미지를 사용한다는 것이다.

17세기 정통주의 신학자들과 이후 여러 저술가들이 보기에는 이

---

3   Otto Schmitz, *Die Opferanschauung des späteren Judentums und die Opferaussagen des Neuen Testaments*, pp. 213 이하.

모든 구절이 속죄에 관한 만족 이론을 확실히 함축하고 있다. 그러나 실제로는 매우 다른 사상적 흐름에 속한다. 심지어 결정적인 근거로 여겨진 로마서 3:24-25("하나님이 그의 피로써 믿음으로 말미암는 화목제물로 세우셨으니")조차도 라틴 속죄 교리를 뒷받침한다고 볼 수 없다.[4] 왜냐하면 라틴 교리의 특징을 이루는 핵심—인간의 채무 불이행에 대해 그리스도께서 인간을 대신하여 지불하심으로써, 신적 정의가 충분한 만족을 얻어야 한다는 생각—이 빠져 있기 때문이다. 이 교리에 따르면 제물은 인간 편에서, 아래에서 하나님께 드리는 것인데, 바울의 글에서 구속을 이루는 것은 다름 아닌 하나님의 사랑 자체다. 고전 속죄 개념은 고린도후서 5:18-19에 나오는 위대한 문구에 가장 충만하게 표현되어 있다.

"모든 것이 하나님께로서 났으며, 그가 그리스도로 말미암아 우리를 자기와 화해하게 하시고, 또 우리에게 화해하게 하는 직분을 주셨으니, 곧 하나님께서 그리스도 안에 계시사 세상을 자기와 화해하게 하시며, 그들의 죄를 그들에게 돌리지 아니하시고, 화해하게 하는 말씀을 우리에게 부탁하셨느니라."

---

4 Schmitz, *Die Opferanschauung*, pp. 220 이하. Cf. Wrede, *Paulus*. 브레데는 이 구절에는 다양한 해석의 여지가 있지만, "다름 아닌 하나님의 사랑 자체가 적대를 마치고 속죄와 평화를 성취한다"는 바울의 기본 사상과 불일치하는 내용은 없다고 말한다(p. 78).

3. 신약성경 나머지 부분에 나오는 고전 속죄 개념

이 책의 한계상 신약성경 자료 일반을 매우 간략하게 스케치할 수밖에 없다.

우리는 공관복음 전승에서 교부들이 매우 소중히 여겼던 몸값 이미지를 볼 수 있다. "인자가 온 것은 … 자기 목숨을 많은 사람의 몸값으로 주려 함이니라"(막 10:45). 즉, 인간을 자유롭게 회복시키기 위해서 오신 것이다. 이런 생각은 신약성경에서 자주 반복된다. "우리는 그리스도 안에서 … 그의 피로 말미암아 구속받았다"(엡 1:7). "그가 모든 사람을 위하여 자기를 몸값으로 주셨다"(딤전 2:6). "그가 영원한 구속을 이루사 단번에 성소에 들어가셨다"(히 9:12). 너희가 "구속받은 것은 은이나 금 … 으로 된 것이 아니요, 오직 흠 없고 점 없는 어린양 같은 그리스도의 보배로운 피로 된 것이다"(벧전 1:18). "그의 피로 우리 죄에서 우리를 해방하셨다"(계 1:5). 또한 속사도 문헌에서도 볼 수 있다. "주 예수께서 거기에 미리 준비되사 친히 나타나셨다. 이는 이미 사망에 넘겨졌고 오류의 불법에 내어 준 우리 마음을 어둠에서 구속하시고자 하심이다"(바나바서신 14:5). 그리고 디모데후서 1:10에는 그리스도의 싸움과 승리 개념이 다른 식으로 나타나 있다. "그는 죽음을 폐하시고 … 생명과 썩지 아니할 것을 드러내셨다." 다음 구절들과 비교해 보라. "그가 죽음을 멸하시고 죽은 자의 부활을 나타내고자 친히 감당하셨다"(바나바서신 5:6). "그가 우리를 위하여 자신을 주심은 모든 불법에서 우리를 구속하시고 우리를 깨끗하게 하사 … 자기 백성이 되게 하려 하심이다"(딛 2:14). "하나님이 자기 피로 사신 교회를 보살피게 하셨다"(행 20:28). 이 마지막 본문은 구속이 하나님께 직접적으로 귀속된다는 점에서 흥미롭다.

요한계시록에는 그리스도가 어린양과 사자로 그려지는데, 이 두 이미지 모두 싸움과 승리 개념을 반영한다. "유대 지파의 사자 … 가 이겼다"(계 5:5). "죽임당하신 어린양은 능력 … 을 받으시기에 합당하다"(계 5:12). 이러한 생각은 어린양과 깃발이라는 전통적 상징으로 잘 설명된다. 교부들이 아마 다른 신약성경 본문보다 더 자주 인용하는 히브리서 구절(히 2:14)도 마찬가지다. "자녀들은 혈과 육에 속하였으매, 그도 또한 같은 모양으로 혈과 육을 함께 지니심은 죽음을 통하여 죽음의 세력을 잡은 자 곧 마귀를 멸하시며, 또 죽기를 무서워하므로 한평생 매여 종노릇하는 모든 자들을 놓아주려 하심이다."

요한 문헌에는 이원론적 관점이 특히 두드러진다. 빛과 어둠, 생명과 죽음 같은 대조가 계속 나온다. "세상"은 어둠의 적대적 세력으로서 하나님을 대적한다. "온 세상은 악한 자 안에 처한 것이다"(요일 5:19). 그리스도께서 이 세상에 오셔서 악한 세력을 물리치시고, 마귀를 권좌에서 폐위시키신다. "이제 이 세상에 대한 심판이 이르렀으니, 이 세상의 임금이 쫓겨나리라"(요 12:31). 그리스도께서 죽음을 향해 가시는 길은 또한 영광으로 가시는 길이기도 하다. "인자가 영광을 얻을 때가 왔도다"(요 12:23). 약속된 보혜사는 세상의 유죄를 선고하시고, 양심이 그리스도의 의―그의 하늘 영광―에 대한, 심판에 대한 진리를 깨닫게 하신다. "심판에 대하여라 함은 이 세상 임금이 심판받았기 때문이다"(요 16:8 이하). 이 구절은 어렵지만 어쨌든 그리스도의 죽음을 통한 승리에 관한 생각이 담겨 있다.[5] 그리스도께서 오신 이러한 목적은 요한일서 3:8에 요약되어 있다. "하나님의 아들이 나타나신 목적은 마귀의 일을 멸하려 하심이다."

그러나 싸움과 승리 개념이 예수님이 하신 말씀에도 표현되어 있는가? 우리 시대의 비평 주석은 복음서 전승에서 얼마나 많은 부분이 예수님으로부터 직접 유래한 것인가 하는 질문에 대해 교조적으로 확답하는 것을 꺼린다. '예수의 생애들'은 더 이상 19세기를 특징짓던 확신을 담아 발행되지 않는다. 그러나 사라진 것은 이런 무비판적 확신만이 아니다. 역사적 예수의 생애와 가르침 중 일부가 이제 우리에게 주어진다면, 지난 세기에 일반적으로 주어졌던 것과는 상당히 다른 그림일 것이다. 당시에는 예수님과 바울을 극명하게 대조하는 것이 일반적이었다. 인류와 세상에 관한 바울의 우울한 견해, 구원과 구속 사상에 대한 그의 집착은 예수님의 즐거운 믿음, 하나님 아버지에 대한 기쁜 신뢰, 인간에 대한 낙관적 믿음과 대조되었다. 이런 전설은 이제 거의 남아 있지 않다. 한편으로 종말론적 관점의 근본적 중요성을 발견했고, 다른 한편으로 이원론 사상이 미친

---

5 Cf. A. Fridrichsen, "The Conflict of Jesus with the Unclean Spirits", in *Theology*, March, 1931, p. 133: "부활과 높아지심 개념은 λύτρον(몸값, 속전, 대속물) 개념과 직접적으로 연결되지─그렇게 보이긴 해도─않는다. 구속의 현장을 형성하는 것은 죽음과 스올이다. 죽음은 승리이고, 부활(영화)은 보상, 인(seal), 완성, 결과의 나타남이라는 것은 아마 그리스도의 죽음에 관한 가장 오래된 해석일 것이다."

근본적 영향력을 발견하면서 이러한 이해는 사라졌다. 지금 우리가 논의하는 것이 후자다.

움살라 대학교의 안톤 프리드릭센 교수는 최근 "예수님과 더러운 영의 싸움"The Conflict of Jesus with the Unclean Spirits[6]이라는 논문에서 이 문제를 제기했다. 그는 예수님의 축귀 및 예수님이 사탄과 결탁했다는 비난 (막 3:22 이하)에 대한 논의로 시작하여, 예수님이 대중의 애니미즘적 귀신관을 거부하시고 귀신이 모두 사탄의 지배를 받는다고 여기셨다는 점, 따라서 각각의 축귀는 곧 사탄과의 힘겨루기였다는 점을 보여준다. 예수님께 사탄은 "강한 자"였고, 세상은 그의 "집"이었다. "예수님은 하나님을 실체로 보신 것과 마찬가지로 사탄도 실체로 여기셨다. 예수님은 하나님 나라의 도래를 완전히 진지하게 대하신 것처럼, 현재 사탄의 지배에 대해서도 그렇게 대하셨다." 예수님은 자신이 사탄보다 강하심을 의식하고 계셨으며, 이미 사탄을 이기셨음을 의식하셨다. 그러나 악의 최종 종말은 파루시아에 이르러서야 이루어질 것이며, 중간 기간은 적대 세력의 활동 증가로 특징지어진다. 그 징후가 백성의 이해력 부족과 지도자들의 적대심 증가에 나타났다.

"예수께서는 이러한 적대심 뒤에 있는 거대한 대적자를 보셨으며, 이 확신이 자기 죽음이 다가오고 있다는 생각을 형성했다는 점은 논란의 여지가 없을 것 같다. 이는 예수님의 죽음이 불가피하다는 깨달음과 그 죽음이 구

---

6   In *Svensk teologisk Kvartalskrift*, Häfte 4, 1929; English translation in *Theology*, March, 1931.

출과 승리를 의미한다는 깨달음, 즉 사탄의 승리는 곧 그의 파멸이 되리라는 깨달음의 형태를 띠었다. 사탄보다 강한 분이 악의 힘에 굴복하셔야 한다는 이 기이한 역설은, 사람의 아들로서 낮은 곳에 계시지만 높은 소명을 지니시고 시종일관 하나님 뜻의 도구이신 그의 상황과 관련된다."

프리드릭센은 이러한 관점에서 "사람의 아들이 온 것은 … 자기 목숨을 많은 사람의 몸값으로 주려 함이다"라는 말씀을 해석한다. 이와 같이 우리가 예수님의 생애 사역에 대한 실제적 관점으로 최대한 되돌아간다면, 여기에도 싸움과 승리에 관한 생각이 깊게 얽혀 있음을 볼 수 있다.

하나 더 덧붙여야 할 것이 있는데, 히브리서의 희생 개념이다. 일반적으로 라틴 속죄 교리 지지자들이 자신들의 견해를 뒷받침하기 위해 이 서신에 호소해 왔기 때문이다. 그러나 실제로 히브리서는 우리가 바울 서신과 교부들의 가르침에서 지적했던 것과 동일하게, 고전 개념의 전형적 특징인 이중적 측면을 제시한다. 왜냐하면 히브리서가 그리스도의 희생을 하나님 자신의 희생 행위이자 하나님께 바쳐진 희생으로 간주하기 때문이다. 이러한 양면성은 전자를 배제하고 후자를 발전시킨 라틴 유형과는 항상 이질적이다.

그리스도의 희생은 주로, 무엇보다도 하늘의 '영원한' 희생이며, 이런 점에서 옛 희생 제사 제도를 대체한다. R. 욜렌베리가 말했듯이, 하늘의 대제사장은 "인간과의 관계에서 하늘 세계를 대표하지, 하늘과의 관계에서 인간을 대표하는 게 아니다. 그의 사역에서 그는 인간에게 하나님을 대표하지, 하나님께 대해 인간을 대표하는 게 아니다."[7] 율렌베리는 히브리서 8:6을 가지고 이를 설명하고, 9:15 이하도 언급한다. 즉, 유언 testament 이 유효하려면 유언자가 죽어야 하지만, 이 경우 유언의 저자는 하나님 자신이시며, 따라서 그리스도는 말하자면 하나님의 이름으로 죽으시는 것이다. 어쨌든 "그리스도의 성육신과 죽음은 하나님 자신의 활동에 대한 표현으로 미리 예정된 것이며, 혹은 희생 제사의 유비를 사용하자면, 하나님 자신이 드리는 희생이다."[8] 인간이 드리는 어떤 땅의 희생도 여기서 희생으로 이룬 것을 이루지 못한다. 오직 하늘의, 신적인, 영원한 희생만이 이룰 수 있는 것이다.

히브리서 저자는 다른 한편으로 희생이 하나님**께** 드려짐에 대해 말한다. 그리스도께서는 "영원하신 성령으로 말미암아 흠 없는 자기를 하나님께 바치셨다"(9:14). 또한 그리스도께서는 자신의 희생으로 사람들을 깨끗하고 거룩하게 하여 하나님께 드리신다.

우리는 여기서 이 서신의 난해한 주장을 더 깊이 다룰 수 없지만, 고전 속죄 개념에 속하는 양면성과 동일한 사례가 여기에 하나 더 있음을 보여 주기에는 아마도 충분하다고 할 수 있다. 그리스도의 희생은 라틴 속죄 교리에서 희생 개념이 사용될 때처럼 법적인 체계의 일부로 되어 있지 않다. 율렌베리의 말을 한 번 더 인용해 보겠다.

---

7   R. Gyllenberg, *Kristusbilden i Hebréerbrevet*, p. 57.
8   R. Gyllenberg, *Kristusbilden i Hebréerbrevet*, p. 84-85.

"인간은 하늘의 영원한 세계에 참여하도록 부름받지만, 지상의 존재로부터 그쪽으로 인도하는 길은 없다. 인간 편에서 출발한 어떤 종교도, 인간이 만든 어떤 희생 제물도 인간을 하늘로 올릴 수 없다. 율법은 온전하게 할 수 없다(히 7:19). 율법은 구원을 줄 수 없다. 이런 상황에서 그리스도의 하늘 제사장직은 완전히 새로운 가능성을 열어 준다."[9]

4. 신약성경 자료 요약

이번 기회에는 신약성경 자료를 빠르게 스케치할 수밖에 없다. 그러나 우리의 조사는 우리의 출발점이었던 사전 예측이 사실을 통해 정당화된다는 점을 보여 주기에는 충분했다. 즉, 신약성경의 가르침이 초기 교회의 가르침과 일치한다는 점을 충분히 보여 주었다. 둘 중 어디에서도 속죄에 대한 발전된 신학 교리는 볼 수 없었고, 오히려 어떤 개념 내지 모티프를 발견할 수 있었는데, 이는 다양하게 변주된 외적 형식으로 표현되어 있었다. 이것이 우리가 이해한 바다. 신약성경은 라틴 속죄 교리 특유의 특징을 반영하지 않는다. 다음 장에서 살펴보겠지만, 라틴 교리가 서방 그리스도교 세계에서 상당히 다른 기반―즉, 전형적인 라틴 보속 개념―을 바탕으로 점차 성장했다는 것이 사실이라면, 신약성경이 라틴 교리의 특징을 반영하지

---

9   R. Gyllenberg, *Kristusbilden i Hebréerbrevet*, p. 60.

않는다는 점 또한 충분히 예상할 법한 것이다.

그러나 이렇게 물을 수도 있다. 왜 사전 예측이 다른 방향으로는 허용되지 않았는가? 구약이 신약의 기초이므로, 라틴 유형의 견해가 신약에서 발견되리라고 예상해 볼 수는 없었는가? 옛 정통주의는 그 속죄 이론의 증거 본문을 주로 구약에서 찾았는데, 그렇다면 신약에도 본질적으로 동일한 사상이 담겨 있으리라고 예상해 볼 수 있지 않은가?

라틴식 견해의 근거로 사용할 만한 것이 구약성경에 많다는 점은 의심의 여지가 없다. 희생과 관련된 개념 중 일부(전부는 아니다)가 그렇고, 율법이 지배적 요소로 작용하는 하나님과 인간의 관계 개념은 훨씬 더 그렇다. 구약성경에서는 신의 '자비'와 '은혜' 개념조차도 법적 기반에 놓여 있다. 물론 반대 방향의 강한 경향도 있지만 말이다. 하나님과의 관계에 관한 구약의 관점에서 최종적이고 결정적인 말을 하는 것은 법—율법—이다. 인간이 하나님께 나아가는 길은 처음부터 끝까지 의무의 길, 율법을 순종하는 길이며, 시간이 지날수록 이런 경향이 훨씬 강해진다.

그러나 바로 이 지점이, 신약성경에 고전 구속 개념이 등장함으로써 유대교와 그리스도교 사이의 단절이 얼마나 철저한지를 보여 주는 지점이다. 물론 고전 속죄 개념이 구약성경의 몇몇 위대한 구절에서 예견된다는 점을 인정해야 한다. 이를테면 이사야 59:16 이하에 나오는 신적 전사 이미지, 에스겔 34:11 이하에 나오는 선한 목자가 그렇다. 그럼에도 불구하고 신약성경의 구속 개념은 실제로 진정한 혁명이다. 주권적인 신적 사랑이 주도권을 잡아서, 정의와 공로의 질서를 깨뜨렸고, 악의 세력을 이겼으며, 세상과 하나님 사이의 새로운 관계를 창조했기 때문이다. 우리는 간략한 조사를 통해 이 개념이 사도적 그리스도교를 얼마나 강하게 지배했는지 어느 정도 파악할 만큼 살펴보았다. 이제 우리는 사람들이 신약성경에서 라틴 속죄 교리를 찾으려 시도했다는 점이 진짜 문제라고 정당하게 말할 수 있다. 그리고 이런 시도에 대한 유일한 설명은, 당분간 고전 속죄 개념이 시야에서 완전히 사라져서 신학자들이 이른바 '객관적' 교리와 '주관적' 견해 말고 다른 개념이 가능한지에 대해서는 생각해 보지 않았다는 사실이다.

5
중세

1. 라틴 속죄 이론의 발단

라틴 이론이 처음 등장한 시기를 정확히 정하는 것은 가능하다. 테르툴리아누스는 건축 자재를 준비했고, 키프리아누스는 그 재료로 속죄 교리를 구성하기 시작했다.

우리는 테르툴리아누스에게서 **만족**과 **공로**라는 기본 개념을 발견한다.[1] 만족은 사람이 자기 잘못에 대해 하는 배상이다. 테르툴리아누스는 다음과 같이 말한다. "보속 수행 없이 죄 용서를 기대한다는 것이 얼마나 어리석은 일인가! 대가는 치르지 않고 그저 혜택을 받기 위해 손을 내미는 것이 아닌가? 주님께서는 이 대가를 통해 용서

---

[1] 법적인 개념들이 테르툴리아누스의 생각에 미친 영향에 관해서는 다음을 참조하라. James Morgan, *The Importance of Tertullian*.

가 이루어지도록 정하셨다. 보속이 치르는 대가를 통해 형벌을 면하는 것이 주님이 뜻하신 바다."[2] 따라서 보속은 만족이며, 영원한 손실을 피하기 위해 일시적 형벌을 받아들이는 것이다. 공로 개념은 명령받은 것을 수행하고 법을 준수하는 것과 관련된다. 일반적으로 이러한 준수가 '공로 있는' 것이라면, 정해진 의무 범위를 넘어서는 그 이상의 행위는 특별히 '초과공덕'supererogatoria 행위라 할 수 있다. 테르툴리아누스에 따르면, 금식, 자발적 독신, 순교 등이 여기에 포함된다. 따라서 인간은 여분의 공로를 쌓을 수 있다.

이러한 초과분의 공로가 다른 사람에게로 이동할 수 있다는 발상은 테르툴리아누스의 글에서는 발견되지 않지만, 키프리아누스의 글에서는 볼 수 있다. 라틴 속죄 이론의 길을 예비한 것이다. 키프리아누스는 그리스도께서 얻은 여분의 공로에 이 원리를 적용하여, 그리스도의 사역을 만족으로 해석하기 시작한다. 그는 보속 수행이 신의 정의로부터 인정받을 수 있다고 주장한다.

"재판관이신 하나님은 정의가 실행되고 유지되는지 지켜보신다. 이것이 하나님의 가장 큰 관심사다. 그리고 하나님은 정의의 관점에서 자신의 통치를 규제하신다. 그렇기 때문에, 일반적으로 우리의 다른 모든 행위와 관련해서도 그러하시듯이, 회개와 관련해서도 하나님께서 반드시 정의에 따라 행동하신다는 점에 어찌 의심의 여지가 있겠는가?"[3]

2   테르툴리아누스, 《참회론》, 6.
3   테르툴리아누스, 《참회론》, 2.

이러한 관점은 두 당사자 사이의 법적 관계라는 틀로 그리스도의 사역을 해석하는 데 사용된다. 그리스도께서는 수난과 죽음으로 넘치는 공로를 얻으셨고, 이것이 하나님께 만족 내지 배상으로 지불된다. 우리는 라틴 속죄 개념의 본질을 온전하게 발견할 수 있다.

라틴 이론이 자라난 기반이 참회 제도였다는 점을 매우 강조해야 한다. 때때로 안셀무스 교리의 기원을 게르만법에서 찾아야 한다는 제안을 본다. 그러나 이는 얼토당토않거나 완전히 틀린 말이다. 라틴 보속 개념만으로도 라틴 속죄 교리를 설명하기에 충분하다. 그 근본 발상은 사람이 하나님의 정의를 만족시키기 위해 제물이나 대가를 바쳐야 한다는 것이다. 이는 그리스도의 사역을 설명하는 데 사용되는 사상이다. 여기서 두 가지 점이 즉시 드러난다. 첫째, 사상 전체가 본질적으로 율법주의적이다. 둘째, 그리스도의 사역에 관해 말할 때, 모든 강조점이 하나님과의 관계에서 **사람으로서의** 그리스도가 행한 것에 있다. 이는 여태까지 우리가 연구한 고전 개념과는 완전히 다른 시각이다.

이와 같이 라틴 교리는 서방 교회에서 초기 교부 시대부터 나타나기 시작한다. 하지만 앞서 보았듯이, 그 시기에 서방에서 지배적 견해가 된 적은 없었고, 다만 점차 자라나고 있었을 뿐이며, 반대가 없지도 않았다. 그러나 대부분의 경우 조용하게 이의 없이 진척되고 있었고, 또한 라틴 유형의 가르침이 고전 유형의 가르침과 나란히 있는 경우도 적지 않았다. 그리고 때로는 고전 유형의 가르침이 라틴식 방향으로 반무의식적으로 왜곡되는 경우도 발견된다. 그레고리우스 대교황은 앞서 보았듯이 가장 섬뜩한 이미지를 사용하여 그리스도의 사역을 싸움과 승리로 묘사하는 것을 좋아했다. 그러나 그는 라틴적 발상도 전에 없이 두꺼운 선으로 스케치했다. 그래서 그의 주장과 《왜 하나님은 인간이 되셨는가?》의 주장 사이에 큰 차이가 없다. 그는 인간의 죄책 때문에 희생이 필요하지만, 동물 희생으로는 충분할 수 없고, 사람을 위해 사람이 제물로 바쳐져야 한다고 주장한다(ut pro rationali creatura rationalis hostia mactaretur 이성적 피조물을 위해 이성적 희생 제물이 바쳐져야 한다). 희생 제물은 더럽지 않은 것이어야 하는데, 죄 없는 사람은 없다. 그래서 결론은 희생 제사가 합당하려면 사람을 제물로 바쳐야 하고, 제사로 사람을 죄에서 씻기 위해서는 죄 없는 사람을 제물로 바쳐야 한다(ergo ut rationalis esset hostia, homo fuerat offerendus; ut vero a peccatis mundaret hominem, homo et sine peccato). 그런데 죄로 물든 씨에서 태어나지 않은 사람은 없으므로, 하나님의 아들이 동정녀에게서 태어나 사람이 되셔서, 우리의 본성을 취하시되 우리의 죄는 취하지 않으시고, 우리를 위해 희생을 치르신다. 이 논증에서 주목해야 할 중요한 점이 있다. 사람이 사람을 대신하여 희생으로 바쳐져야 한다는 내용, 그리고 "죄의 값을 치를 만큼 선한 이가 없기" 때문에 하나님의 아들이 제사를 드리러 오신다는 내용이 명확히 진술되어 있다는 점이다.

2. 캔터베리의 안셀무스

완전히 발전된 형태의 라틴 속죄 이론은 안셀무스의 《왜 하나님은 인간이 되셨는가?》에 처음 나왔다. 이 책이 라틴 속죄 이론의 전형적 표현이라는 인식은 매우 보편적이었다. 따라서 라틴 속죄 이론은 통상 안셀무스 교리로 알려져 있고, 속죄론에 관한 논쟁은 안셀무스라는 이름을 중심으로 계속되고 있다. 17세기 개신교 정통주의에 대한 공격은 안셀무스에 대한 공격이기도 했고, 반면 안셀무스를 강하게 옹호하는 이들도 있었다. 지난 10년 동안 에밀 브룬너는 안셀무스를 복권시키려 노력했다. 브룬너는 "죄를 씻는 형벌 개념을 발전시킨 것은 일급 업적이었다"고 말한다. 그가 볼 때 종교개혁자들, "특히 칼뱅"이 같은 개념을 이어받은 것은 우연이 아니었다. 브룬너 본인도 안셀무스의 일반적 논의 노선을 따르고자 했다. 그는 속죄 교리 구축을 위한 필수 기반으로 율법 개념을 특히 강조했다. "율법은 영적인 세계의 척추, 뼈대, 화강암 같은 토대다."[4] 그는 안셀무스에 대한 리츨 학파의 비판을 비판했다. 리츨 학파의 비판은 '주관주의적' 견지에서 출발하여, 진짜 핵심을 이해하지 못했다는 것이다.

안셀무스에 관한 또 다른 현대 연구가 있다. 부분적으로 유사하지만 더 철저한 이 연구는 우리를 핵심 문제로 곧장 인도할 것이다. R. 헤르만은 안셀무스의 관점에서 그리스도의 사역은 실제로 하나님을

---

4   Emil Brunner, "Das Gesetz ist das Rückgrat, das Knochengerüst, der granite Grund der geistigen Welt," *Der Mittler*, p. 414.

대상으로 한 것이 아니라고 주장했다.[5] 그는 안셀무스가 창조 교리와 속죄 교리를 밀접하게 연결한 점이 창조 질서의 회복 필요성을 보여 주고, 또한 창조 질서의 회복이 하나님께서 그리스도를 통해 하신 일임을 보여 준다고 주장한다. 안셀무스는 그리스도의 공로가 그의 자유 의지 행사에 달려 있다고 말했는데, 이는 그리스도 사역의 자발적 성격을 설명하는 방식이었을 뿐이다. 안셀무스의 주목적은 한편으로 형벌의 면제에 불과할 수 있는 죄 용서 개념을 거부하는 것이고, 다른 한편으로 요구되는 모든 것을 인간이 수행할 수 있다는 낙관적 개념을 거부하는 것이었다. 요구되는 만족을 인간이 이룰 수 없다는 그의 주장 뒤에는 이렇게 반(反)낙관론적 관점이 깔려 있다. 여기에는 하나님과의 거래 개념이 없다. 왜냐하면 하나님이 직접 성육신으로 인간의 형상을 취하셨기 때문이다. 헤르만은 인류의 존엄성을 위해서는 하나님이 직접 속죄 사역을 수행하셔야 하며, 만일 천사나 다른 사람이 수행한다면 인류는 그들의 노예가 될 것이라는 취지의 안셀무스의 논증을 인용한다. 그는 하나님이 이렇게 스스로 자기 명예를 회복하신다는 자신의 논지를 안셀무스의 말(《왜 하나님은 인간이 되셨는가?》 II.18)에서 확인한다. 안셀무스는 신-인간이 자기 영광을 위해 자신을 바쳤다고 말했다─즉, 그의 인성이 그의 신성에 바쳐진 제물이었다는 것이다. 만일 이러한 헤르만의 해석이 옳다면, 우리가 안셀무스의 이론과 고전 속죄 개념을 날카롭게 구분한

5　Rudolf Hermann, "Anselms Lehre vom Werke Christi in ihrer bleibenden Bedeutung," in *Zeitschrift für Systematische Theologie*, 1923, pp. 376-96.

근거는 분명히 부적절하다.

안셀무스의 가르침이 종종 잘못 해석되어 온 것은 분명 사실이다. 안셀무스의 가르침에 대한 비판 중 상당수, 혹은 대부분은 그의 가르침을 희화화하여 와전된 내용에 대해서만 타당한 비판일 뿐이다. 통상 안셀무스가 그리스도의 만족으로 인해 하나님의 태도에 직접적 변화가 일어났음을 가르친다고들 하는데, 특히 대중적 해설에서 그런 경우가 많은데, 이는 안셀무스가 말한 내용이 아니다. 그러나 안셀무스에 대한 통상적 비판에서 더 심각한 결함은 안셀무스의 교리와 '주관적' 견해를 오로지 양자택일만 가능한 관계로 가정하는 것이다. 이런 점에서 리츨과 하르낙은 진정한 관점을 누락시킨 잘못을 범했다. 하지만 그들을 비판한 브룬너와 헤르만도 같은 잘못을 저질렀다. 그들 역시 안셀무스의 견해와 고전 속죄 개념의 대조를 그려 내는 데 실패했다.

이것이 결정적 문제이며, 따라서 정말 중요한 질문은 다음과 같다. 안셀무스는 그리스도의 속죄 사역을 처음부터 끝까지 하나님 자신의 사역으로 다루는가? 헤르만이 안셀무스 사상에서 창조와 속죄의 밀접한 연관성을 지적했다는 점은 완전히 정당하다. 안셀무스는 속죄를 손상된 창조 질서의 회복으로 간주한다. 따라서 하나님께서 속죄 사역을 주도하신다는 점이 도출되고, 그러므로 하나님의 태도 변화에 대해 말하는 것은 잘못이다. 그러나 이러한 점이 속죄 사역의 실제 성취 과정에서 하나님의 역할에 관한 핵심 질문을 제대로 다룬 것은 아니다.

헤르만은 인간이 하나님이 요구하시는 만족을 지불할 수 없다는 안셀무스의 주장(《왜 하나님은 인간이 되셨는가?》 II.6)에 매우 큰 비중을 두고 있다. 따라서 헤르만은 하나님이 모든 것을 하셔야 하며, 실제로 하나님이 그렇게 하신다고 추론한다. 그러나 그의 결론은 너무 성급하게 도출한 것이며, 안셀무스 사상의 본질적 구조를 파악하지 못했다. 이를 이해하려면 전체 구조가 참회 제도에 기반하여 구축되었다는 점을 명심해야 한다. 안셀무스의 기본 전제는 범죄에 상응하는 만족을 인간이 이루어야 한다는 것이다. 하지만 인간은 모두 죄가 있기 때문에 필요한 만족을 이룰 수 없다. 사람이 할 수 없다면 하나님이 하셔야 한다. 그러나 사람이 죄를 저질렀으므로, 사람이 만족을 이루어야 한다. 그렇다면 유일한 해결책은 하나님이 사람이 되시는 것이다. 이것이 '왜 하나님은 인간이 되셨는가?' 하는 질문에 대한 답이다.

핵심이 바로 여기에 있다. 헤르만은 그렇게 보지 않은 것 같지만, 실제로 안셀무스는 만족이 반드시 사람에 의해 이루어져야 한다는 **자신의 기본 가정을 포기하지 않는다.** 안셀무스는 오히려 그러한 전제를 확고하게 고수한다. 그의 논증에서 총체적 목적은 하나님이 절대적으로 요구하시는 만족을 드릴 수 있는 사람이 어떻게 나타나는지를 보여 주는 데 있다. **만족은 반드시 인간에 의해 이루어져야 하며, 그것이 바로 그리스도의 속죄 사역에서 이루어진 것이다.**

따라서 성육신과 속죄가 고전 견해에서처럼 유기적으로 연결되어 있지 않다는 것이 안셀무스 이론에서 중요한 점이다. 고전 견해에서 우리는 단순하고 직접적으로 생각이 연결된 것을 보았다. 즉, 하나님이 인류를 속박하는 원수들을 이기기 위해 죄와 죽음의 세계로 들어오셔서, 신적인 힘으로만 가능한 구속 사역을 직접 성취하신다는 것이다. 그러나 안셀무스에게 핵심 문제는 다음과 같다. 죄와 죄책으로부터 자유로워서, 자신을 하나님께 받아들여질 수 있는 희생 제물로 바칠 수 있는 사람을 어디에서 찾을 수 있는가? 따라서 '왜 하나님은 인간이 되셨는가?'라는 질문에 대한 안셀무스의 대답은 이레네우스와 아타나시우스의 대답과 달리 단순하지 않다. 실제로 안셀무스는 성육신의 필연성에 대해 자신이 원하는 증거를 얻기 위해, 부차적인 사고 단계들을 도입했다. 그중 하나는 그리스도 안에서 신성과 인성의 결합이 결합하지 않을 때보다 그의 사역에 더 큰 가치를 부여한다는 주장으로, 그가 앞선 라틴 교리의 대표자들과 공유하는 주장이다. 또 하나는 천사나 순수 인간인 존재가 만족을 이룬다면, 인간의 존엄성과 충돌한다는 주장이다. 인간의 존엄성을 상당히 강조했다는 데 주목해야 한다.

이 모든 것은 성육신 교리가 교부들에게 완전히 살아 움직이는 생각이었지만 안셀무스에게는 그렇지 않다는 점을 보여 준다. 그에게 성육신 교리는 고정된 교의다. 안셀무스는 여기에 의문이나 논란의 여지가 없다고 생각한다. 하지만 그의 추론들은 성육신 교리를 그의 속죄 교리와 어렵게 겨우 연관시킨다. 성육신 교리는 과거의 유산이며, 새로운 환경에 완전히 자리 잡지 못하고 있다. 여기서 안셀무스와 교부들 사이의 대조가 대낮처럼 분명하다. 교부들은 하나님께서 구속하기 위해서 어떻게 성육신하셨는지를 보여 주지만, 안셀무스는 그리스도에 의해 성취된 만족이라는 인간의 사역을 가르친다. 안셀무스는 죽음에 이르도록 자신을 자발적으로 바치는 것이야말로 인간이 하나님께 드릴 수 있는 가장 큰 희생 제물이자 최고의 선물이라고 주장하고자 한다. "인간이 하나님의 명예를 위해 의무가 아니라 자발적으로 겪을 수 있는 일 중 죽음보다 더 가혹하거나 어려운 것은 없으며, 인간이 하나님의 영광을 위해 자신을 죽음에 내어 줄 때보다 자신을 더 완전하게 하나님께 드리는 방법은 없다"Nihil autem asperius aut difficilius potest homo ad honorem Dei sponte et non ex debito pati, quam mortem, et nullatenus seipsum potest homo magis dare Deo, quam cum se morti tradit ad honorem illius(《왜 하나님은 인간이 되셨는가?》 II.11). 그리고 헤르만이 자기 해석을 뒷받침하기 위해 인용한 말들은 사실 정확히 반대되는 것을 증명하는 말이다. 안셀무스가 그리스도께서 자신의 신성에까지 만족을 지불하신다는 개념을 제안할 때, 그는 자신이 고찰하고 있는 것이 그리스도께서 사람으로서 성취하신 것임을 최대한 명확한 언어로 말한 것이다. 즉, 사람의 편에서, 아래로부터 하나님께 드린 제물을 생각하고 있었던 것이다.

안셀무스와 그의 후계자들이 어떤 의미에서는 속죄를 하나님의 사역으로 다루는 것은 사실이다. 하나님은 계획을 세우셨고, 자기 아들을 보내셔서 요구에 미치는 만족을 이루도록 명하셨다. 그럼에도 불구하고 그것은 완전한 의미에서는 하나님의 사역이 아니다. 교부들의 성육신과 구속 사상을 비스듬히 아래로 이어지는 실선으로 나타낼 수 있다면, 안셀무스의 교리는 파선으로 잘 나타낼 수 있을 것이다. 아니면 아래로 내려가는 선이 위로 올라가는 선, 즉 그리스도께서 인간으로서 하나님께 드리신 만족을 나타내는 선과 교차하는 것으로 표현될 수 있다. 그래서 고전 개념 특유의 양면성도 사라진다. 하나님은 이제 더 이상 화해의 주체이면서 **동시에** 대상으로 여겨지지 않고, **부분적으로는** 계획 수립 단계의 주체로, **부분적으로는** 계획 수행 단계의 대상으로 여겨진다.

연속된 실선과 단절된 파선으로 상징되는 대조는 다른 두 측면에서도 탐구될 수 있다. 첫째, 안셀무스는 옛 이원론적 관점을 명백히 거부한다. 그는 마귀에게 지불된 몸값 개념을 강하게 배격한다. 그가 때로는 그리스도의 사역을 마귀에 대한 승리로 묘사하고, 이러한 생각을 만족 개념과 연결하는 것은 사실이지만, 이러한 옛 언어를 사용한 것은 순전히 우연적이다. 이는 그의 사상 구조와 중요한 관계가 없으며, 이질적인 환경에 도입된 그저 전통의 유물일 뿐이다. 그가 이원론적 시각을 철저히 배격했다는 분명한 증거는 그리스도 죽음의 의미에 대한 그의 해석에 있다. 그의 전반적인 강조점은 별개로 분리된 사실인 죽음에 있다. 죽음은 그 자체가 만족을 구성한다. 그러나 고전 견해에 따르면, 죽음은 오랜 싸움의 절정이었고, 그리스도의 승리를 구성한 요소였다. 따라서 사도 시대 이후로 항상 고전 개념의 전형적 특징이었던 승리의 선율이 약해졌다. 그 이유는 이원론적 관점이 사라졌기 때문이거나, 결국 같은 말이겠지만, 속죄 사역이 더 이상 하나님의 직접적인 사역으로 간주되지 않기 때문이다.

둘째, 이제 아래로 이어지는 선이 파선이라면, 법과 정의의 질서는 침해되지 않으며, 인간이 하나님의 정의에 대한 만족을 이루는 것이 절대적으로 필요하다. 안셀무스의 글에서, 모든 라틴 속죄 이론 형태에서, 우리는 **양자택일**적 진술을 발견한다. 하나는 하나님이 죄를 용서하시는 것이다. 이는 죄를 심각하게 다루지 않아서 결국 해이함을 용인하는 것을 의미한다. 다른 하나는 만족이다. 다른 가능성은 생각할 수 없다고 여겨진다. 하나님의 정의와 죄에 대한 심판의 정당성에는 정의의 요구를 만족시키는 보상이나 배상이 반드시 동반되어야 한다. 따라서 만족의 지불은 도덕적 진지함을 보전하기 위해 강조된다. 안셀무스는 만족의 절대적 필요를 의심하는 모든 시도에 대해 다음과 같은 말로 응수한다. nondum considerasti quanti ponderis sit peccatum — "당신은 아직 죄의 무게를 충분히 고려하지 않았다."

이 엄정한 딜레마는 속죄 교리를 사법적 체계에 묶어 둔다. 용서가 해이를 초래하지 않으려면, 하나님께서 만족을 받으시는 것이 불가결하게 필요하다. 이러한 필요는 그리스도의 죽음을 통해 충족된다. 속죄는 정의의 엄격한 요구에 따라 이루어지며, 하나님은 인간의 채무 불이행에 대한 배상을 받으신다. 그러나 하나님께 드려진 만족으로 인해 하나님의 태도가 변한다는 주장에 대해 안셀무스를 비난하면 실상 공정하지 않다. 이런 점으로 안셀무스를 탓하는 것은 진짜 핵심을 놓치는 것이다. 이는 앞서 보았듯이, 하나님이 속죄 계획의 궁극적 수립자라는 안셀무스의 주장과 상충한다. 그리스도께서 인간을 대신하여 하나님의 정의가 요구하는 만족을 이루신 것은 하나님의 뜻이다.

이와 같이 속죄 개념 전체의 가장 핵심적인 본질이 사법적이다. 안셀무스는 그리스도께서 얻으신 공로가 어떻게 인간에게 소용 있게 되는지를 보여 주면서, 이 같은 법적 개념을 더욱 발전시킨다. 참회 제도에서 유래한 발상이 다시 도입된다. 그리스도께서 획득하신 초과분의 공로가 그의 형제들의 공으로 이양될 때, 이것이 정의의 요구와 완전히 일치한다는 것이다.

따라서 사법적 개념은 고전 가르침에서는 제한적인 위치에 있었지만, 이제 여기서는 완전히 다른 자리를 차지한다. 안셀무스는 인간과 하나님의 관계를 본질상 법적인 관계로 다룬다. 그는 속죄 사역이 정의에 부합함을 입증하는 데 모든 노력을 기울인다. 브룬너의 말을 빌리자면, 이 체계에서 율법은 영적 세계의 화강암 같은 토대로 표현된다. 반면 고전 개념에서는 하나님께서 그리스도 안에서 성취하신 속죄 사역이 신적 질서를 반영한다는 점이 본질적이다. 신적 질서는 법적 질서와 완전히 다르다. 속죄는 정의의 요구를 엄격히 충족시킴으로써가 아니라, 정의의 요구들이 있음에도 불구하고 성취된다. 실제로 하나님은 불의하지 않으시지만, 정의의 질서를 초월하신다.

라틴 이론의 사법적 성격과 밀접하게 연관된 것은 합리적 성격이다. 안셀무스가 끊임없이 반복하는 말은 "이보다 더 합리적인 것은 없다"nihil rationabilius이다. 즉, 아무것도 만족의 요구보다, 그리고 그 요구가 충족되는 길보다 더 합리적일 수 없다는 것이다. Lex et ratio, 즉 법과 이성은 루터가 침이 마르도록 강조했듯이 불가분한 동맹이다.

그러나 고전 속죄 개념은 합리성에 맞춰서 체계화하는 것을 거부한다. 하나님은 화해시키시는 분이자 동시에 화해되시는 분이라는 고전 개념의 본질적 양면성은 합리적 진술로는 해결할 수 없는 이율배반을 구성한다.

고전 속죄 개념과 안셀무스로 대표되는 라틴 유형을 간략히 대조하는 것은 이 정도면 충분할 것이다. 아마 다음과 같이 정리할 수 있을 것이다. 고전 개념은 신적 행동의 연속성과 정의 질서의 불연속성을 보여 준다. 라틴 유형은 법적 일관성과 신적 활동의 불연속성을 보여 준다. 그러나 쟁점 하나가 더 남아 있다.

라틴 교리의 강점으로 흔히 주장되는 것은 그 특유의 윤리적 진지함이다. 이는 죄에 반대하는 신적 정의, 하나님 앞에서 인간의 죄책, 죄에 대한 속죄를 스스로 할 수 없는 인간의 무력함을 강조하는 데서 드러난다. 해이한 관용을 피하려면 만족이 지불되어야 하는 양자택일적 딜레마를 다루면서, 이미 이러한 윤리적 진지함에 대해 언급했다. 확실히 안셀무스는 신적 사랑에 관한 어떠한 사상이든 그것이 죄의 무게를 가볍게 할 만한 것이라면 피하고자 했다. 그는 하나님의 만족 요구가 하나님이 죄를 얼마나 심각하게 여기시는지를 입증한다고 주장한다.

이러한 도덕적 진지함이라는 의도는 인정해야겠지만, 이 속죄 교리가 도덕주의적 기반 위에서 발전했다는 점을 잊어서는 안 된다. 하나님께 만족이 지불됨으로써 인간의 잘못이 갚아진다는 생각 자체가 죄에 대한 하나님의 철저한 반대가 약화되었음을 꽤 결정적으로 보여 준다. 만일 하나님이 죄에 대한 만족을 받아들이실 의향이 있는 분으로 묘사된다면, 실제로는 해이와 만족의 딜레마를 통해 하나님이 죄를 적대시하신다는 진리를 지켜 낼 수 없다는 귀결이 필연적으로 뒤따를 것으로 보인다. 이 교리는 죄로 인한 형벌의 면제를 제시하지만, 죄 자체의 제거에 대해 말하는 것은 아니다. 안셀무스는 또한 그리스도의 공로가 인간에게로 '비인격적으로' 이동하는 것을 인정하는데, 이 점도 주목할 만하다. 이러한 점은 브룬너 같은 그의 열렬한 옹호자들도 잘못으로 간주한다. 또한 안셀무스는 세례 이후 지은 죄에 대한 보속을 언급할 때, 다른 라틴 신학자들과 마찬가지로 사람이 하나님 보시기에 공로를 얻을 수 있다는 점도 인정한다.

이 모든 점은 라틴 속죄 교리가 중세 관점의 특징인 율법주의와 긴밀하게 관련됨을 보여 준다. 따라서 다음과 같은 점이 정말로 놀라운 사실로 보여야 한다. 즉, 종교개혁 이후의 신학자들은 안셀무스의 속죄 교리를 의심 없이 받아들였고, 이 교리와 종교개혁이 '솔라 그라티아'라는 모토로 저항한 신학 전통 사이의 밀접한 상관성을 완전히 간과했다. 이 문제는 다음 장에서 다시 다룰 것이다. 지금은 그 이유 중 일부를 말하는 것으로 충분하다. 바로 루터가 안셀무스의 이론을 받아들였다는 잘못된 가정이 있었고, 또한 고전 속죄 개념이 사람들의 기억에서 실질적으로 별개의 가르침의 형태로 남아 있지 않았기 때문이다.

3. 중세 후기 신학

나는 스콜라 신학자들이 다루었던 속죄 교리의 역사를 개략적으로
도 추적하지 않을 것이다. 현재 우리의 목적을 위해서는, 라틴 교리
의 진정한 성격과 구조에 대해 추가적인 통찰을 제공할 만한 몇 가
지 두드러진 점에 주목하는 것이 더 중요하다.

속죄에 관한 지배적인 견해는 완전히 체계를 갖춘 안셀무스의 견
해가 아니더라도 적어도 라틴식 교리였다. 지배적인 생각은 다음과
같이 요약될 수 있다. 만족의 지불은 속죄의 본질적 요소로 간주되
며, 그리스도의 죽음으로 성취되었다. 이 지불은 주로 그리스도의 인
성의 사역이지만, 그리스도 안에 인성이 신성과 결합해 있으므로 공
로치가 증가한다. 그래서 토마스 아퀴나스는 분명하게 다음과 같이
가르친다. 그리스도의 인성이 제물을 드리지만, 그리스도는 하나님
이시므로, 그의 사역의 공로는 충분할 뿐만 아니라 차고 넘친다. 우
리의 분석이 이와 같이 확인된다. 구속 사역에서 신적 활동의 선線은
인간 본성이 하나님께 드리는 제물을 나타내는 선과 교차한다.

안셀무스와 후대 스콜라학자들의 가르침에 어떤 차이가 있는지
간략히 말한다면, 보통 토마스가 그리스도의 만족 사역에 형벌 감당
을 포함했다는 사실을 언급한다. 그러나 이 점을 너무 강조하면 잘
못이다. 이는 기껏해야 표현의 차이일 뿐, 관점의 변화를 수반하지
않는다. 그리스도께서 대신해서 형벌을 감당하셨다는 생각은 실제
로 안셀무스에게서도 찾아볼 수 있다. 다만《왜 하나님은 인간이 되

셨는가?》에 나오지 않을 뿐이다. 그러나 이와 별개로, 만족이라는 개념이 자연스럽고 수월하게 형벌 개념으로 이어진다는 점은 분명하다. 왜냐하면 그리스도께서 이루신 만족은 대신 죽음을 감당하시는 것으로 이루어져 있기 때문이다. 만일 그리스도께서 감당하신 죽음을 인간들 스스로 감당했다면 죽음은 그들에 대한 형벌이었을 것이다. 또한 형벌 개념은 안셀무스 이전에도 이미 표현된 바 있다. 어쨌든 보속, 만족, 형벌 개념은 서로 밀접하게 관련된다.

실제로 훨씬 더 중요한 차이는 안셀무스의 후계자들이 그의 엄격한 증명 방식, 곧 그가 "이보다 더 합리적인 것은 없다"라는 공식으로 줄곧 언급했던 방식을 따르지 않았다는 점이다. 그가 주장했던 이성적 증명의 요구는 미심쩍은 새로운 시도로 여겨졌고, 그리스도께서 이루신 만족에 대한 이전의 접근 방법으로 돌아가게 되었다. 즉, 만족을 속죄에 대한 필연적이고 유일한 방법이 아니라, 적절하게 잘 맞는 하나의 방법으로 간주한 것이다.

이러한 관점에서 볼 때, 스콜라 신학의 마지막 단계를 특징짓는 유명론은 안셀무스 이론의 붕괴를 나타낸다. 일반적인 라틴식 발상들은 반복되었지만, 그 기반은 약해졌다. 유명론의 비판은 궁극적으로 모든 것이 만족을 받아들이시는 하나님의 자의적 행위에 달려 있다는 것이다. 그리스도의 사역은 필연적 가치를 지니는 것이 아니라, 하나님께서 기꺼이 인정하신 만큼의 가치만 있을 뿐이다. 안셀무스가 제시한 식의 만족을 인류가 이루어야 한다는 점은 필연적이라 할 수 없는데, 왜냐하면 유한한 인간이 저지른 죄가 무한한 죄책을 초래할 수 없기 때문이다. 또한 그리스도의 공로 역시 무한할 수 없는데, 왜냐하면 그리스도는 인성 안에서만 고난을 겪으셨기 때문이다. 마지막으로, 그러한 무한한 공로가 필요하지 않을 수도 있는데, 왜냐하면 어떤 공로 행위든 하나님은 자신이 바라시는 대로 평가하실 수 있기 때문이다.

이러한 논증들은 라틴 이론의 와해를 가져왔다. 그러나 동시에 라틴 이론의 일반적인 요점은 권위 있는 것으로 여겨졌다. 현재 우리의 목적상 특별히 관심을 둘 부분은 그리스도께서 그의 인성 안에서만 고난받으셨기 때문에 그의 공로가 무한할 수 없다는 주장이다. 이러한 비판은 라틴 교리에 대한 우리의 해석이 옳았음을 보여 준다. 우리는 라틴 교리가 옛 교부들의 가르침, 곧 속죄가 처음부터 끝까지 하나님의 사역이라는 점을 간과했다고 주장했다.

라틴 교리가 중세 신학에서 완전히 지배적인 가르침이었지만, 그럼에도 고전 속죄 개념의 흔적은 스콜라 초기와 후기에도 여전히 남아 있었다. 페트루스 롬바르두스는 루터가 초기에 주석했던 책으로 인해 우리에게 낯익은 인물인데, 그는 옛 고전 이미지를 풍부하게 재현한다. 1141년의 센스 공의회는 아벨라르두스의 몇 가지 명제를 정죄했다. 그 명제들에서 아벨라르두스는 인간이 그리스도를 통해 마귀의 지배에서 구출된다는 점과, 마귀가 이전에 인간을 지배했던 것이 정의에 부합했다는 점을 부정했다. 여기서 우리는 이 정죄가 안셀무스의 가르침에도 똑같이 해당할 수 있다는 점을 지나가는 말로 언급할 수 있다. 토마스의 글에도 마귀의 권세에서 인간을 구출하는 것과 같은 고전 견해의 특징들이 나타나는데, 토마스는 이를 만족 개념과 조화시키려 했다. 그러나 이는 고전 속죄 개념의 흔적일 뿐이며, 단연코 지배적인 이론 유형은 라틴 견해였다. 그렇다면 이 상황이 완전히 명확하게 이해된다. 라틴 속죄 교리는 전형적으로 보속 및 미사의 희생을 강조하는 중세 신학의 일반적 성격과 완전히 일치한다. 보속 교리는 만족의 필요성을 강조했고, 미사는 주로 죄에 대한 희생 제사로 해석되었다.

4. 아벨라르두스

안셀무스와 그보다 젊은 동시대인 아벨라르두스 사이의 경쟁을 강조하고, 후자를 소위 '주관적' 속죄 교리의 아버지로 간주하는 것은 역사적 교의 연구에서 오랫동안 통용되는 관점이었다. 일반적으로 이러한 주장은 충분히 타당하다. 아벨라르두스가 흥미로운 까닭은 라틴 속죄 이론이 신학적으로 완전하게 정립되자마자 비판을 가했다는 사실에 있다. 그렇게 시작된 논쟁이 그 이후로 지금까지도 계속되고 있다고 할 수 있다.

아벨라르두스는 안셀무스의 이론뿐만 아니라 고전 속죄 개념의 이미지와 그 이원론적 관점까지 공격했다. 그는 한편으로 속죄 개념이 어떤 식으로든 마귀와 연결될 여지를 두지 않으려 했고, 다른 한편으로 만족 개념의 불가능성을 입증하려 했다. 즉, 아담의 더 작은 잘못이 그러한 만족을 요구한다면, 그리스도에 대한 죄는 얼마나 더 큰 만족을 요구해야 하는가 말이다! 따라서 그는 다른 노선으로 길을 개척하려 했다. 그는 그리스도가 인간에게 사랑의 반응을 불러일으키는 교사이자 모범임을 특히 강조했고, 이 사랑을 화해와 용서의 기초로 보았다. 여기서 그는 누가복음 7:47을 인용한다. "그의 많은 죄가 사하여졌도다. 이는 그의 사랑함이 많음이라." 아벨라르두스는 사람들 안에서 깨어난 이 사랑을 공로로 여겼다. 그도 전통적인 라틴식 공로 체계에서 벗어날 수 없었던 것이다. 그러나 그의 가르침이 사람이 행한 것을 강조하고 있어서 좀 더 '주관적' 성격을 띠고 있더라도, 초지일관 그런 노선을 따랐다고 할 수는 없다. 아벨라르두스는 그리스도의 공로의 자리가 있어야 한다고 느꼈다. 그는 그리스도께서 인간을 위해 하신 중보를 통해 그의 공로가 인간의 공로를 완성한다고 말한다.

아벨라르두스의 사상은 몇 가지는 개별적으로 영향을 미쳤지만, 그 외에는 중세 시대에 큰 영향을 미쳤다고 말할 수 없다. 그의 사상이 전부 도덕적 차원에 있을 만큼, 실제로 그는 당시 시대 정신과 어느 정도 일치했지만, 전반적으로 그는 일반적 견해에 너무 철저히 반대했기 때문에 널리 받아들여지지 못했다. 특히 그가 그리스도의 죽음에 특별한 의미를 부여하지 않았다는 사실 자체만으로도 그의 가르침은 당시에 받아들여질 수 없었다. 신학에서나 경건의 실천에서나 그리스도의 죽음을 점점 강조하던 시대였기 때문이다.

5. 경건의 측면

따라서 훨씬 중요한 것은 **수난에 대한 경건심** Devotion to the Passion 또는 수난 신비주의라는 종교적 현상의 영향이었다. 실제로 중세나 그 이후 시대의 로마 가톨릭 및 개신교 그리스도교 세계에서 이것의 중요성은 과장하기 어려울 만큼 크다. 안타깝게도 그리스도교 종교사에서 이 장은 아직 철저한 조사가 이루어지지 않았다. 이는 반드시 수행되어야 할 과제다. 여기서는 이 주제를 최대한 간략하게 개괄하기만 할 것이다.

이 수난에 대한 경건심은 중세 신학과 이중적 관계에 있다. 끌림인 동시에 반발이다. 한편으로, 신적 정의에 기반한 스콜라적 논증도, 만족이라는 핵심 개념 자체도 경건심에 특별한 호소력을 발휘하지 못했다. 다른 한편으로, 신학과 경건 생활 모두 그리스도의 수난과 죽음에 관심을 집중시켰다는 점에서 일치했다. 하지만 여기서 다시 차이가 있다. 신학의 강조점은 죽음 자체에 있었던 반면, 경건은 그리스도의 수난 전체를 바라보면서 이를 순교로 관조했다. 그리스도의 수난, 곧 순교에 대한 호소가 중세 종교에서처럼 깊게 다가왔던 적은 없었다고 할 수 있다. 아 켐피스는 《그리스도를 본받아》 Imitatio Christi에서 "그리스도의 전 생애는 십자가였고 순교였다"고 말한다. 그리스도인의 태도는 묵상과 본받음 meditatio et imitatio이다. 이는 사랑의 연민을 안고 말할 수 없는 그리스도의 고난으로 들어가는 것, 그의 발자취를 따르는 것, 그럼으로써 정화되어 영원한 신적 사랑과

하나 되는 것이다. 즉, 인성의 상처를 통해 신성의 가장 내밀한 곳으
로per vulnera humanitatis ad intima divinitatis 들어가는 것이다.

이 수난에 대한 경건심은 라틴 속죄 교리를 보완하는 동시에 균형
추로 작용했다. 실제로 이런 식의 감정적 신비주의가 철저히 이성적
이고 사법적인 하나님의 정의에 대한 만족 이론과 나란히 나타난 것
은 놀라운 일이 아니다. 개신교에서 동일한 형태의 속죄 교리에서
종교적 만족감을 느낄 수 없었던 시대에 18세기 헤른후트의 경건주
의가 등장한 것, 이들이 중세 경건심과 매우 유사한 분위기로 복음
적개신교의 수난 찬송들을 만들어 낸 것도 같은 식이다.

마지막으로, 이 수난에 대한 경건심이 라틴 이론과 협력하여 고전
속죄 개념의 잔재를 제거하는 데 기여했다는 점에 주목할 필요가 있
다. 어쩌면 신학이 시작했던 작업을 경건 활동이 효과적으로 완료한
것인지도 모르겠다. 여기서 상실한 것은 승리의 선율이었는데, 이는
하나님의 정의에 대한 만족 이론에서도, 성스러운 상처를 관조하는
데서도 찾아볼 수 없다. 이는 중세 후기 미술에 매우 뚜렷하게 반영
되어 있다. 이제 인간 수난자를 묘사한 십자가상이 이전 시대의 승
리의 십자가상을 몰아냈다.

6. 중세 시대의 고전 속죄 개념

그러나 고전 속죄 개념이 완전히 사라졌다고 추론한다면 잘못일 것

이다. 그것은 완전히 사라지기에는 너무 깊고 강하게 뿌리내리고 있었으며, 찬송과 미술에 여전히 살아 있었다.

찬송과 부속가에서 우리는 신적 싸움과 승리라는 옛 언어를 거듭 마주하게 된다. 때로는 옛 실재론적 이미지도 발견한다. 무엇보다도 부활절 전례에서 그렇다. 부활절 축제는 항상 고전 속죄 개념의 중심 활동 무대이기 때문이다. 잘 알려진 예로는 로마 가톨릭 미사 경본에 간직되어 있는 부활절 부속가인 〈부활절의 희생〉Victimae paschali이 있다.[6] 이 작품은 생명과 죽음의 싸움 및 생명 왕자의 승리를 묘사한다. 다른 예는 생빅토르의 아담Adam of St. Victor, 에초Ezzo, 호노리우스 아우구스토두넨시스Honorius Augustodunensis의 작품에서 볼 수 있다. 그러나 이는 아직 충분한 연구가 이루어지지 않은 또 다른 주제다.

우리는 또한 신비극에 드라마 개념이 나타난 점을 언급할 수 있다. 다만 여기서 주의할 점은 마귀가 점차 반쯤 익살스러운 인물로 변했다는 점이다. 이는 그리스도께서 마귀와 싸우신다는 개념이 더 이상 진지하게 여겨지지 않았기 때문이다. 그러나 종교 시문학에 드라마 개념이 빈번히 나오는 것은 이 개념이 비록 신학에서는 거의 억압되어 있었더라도, 그리스도교 세계의 의식 속에는 여전히 살아 있었음을 보여 준다.

우리는 이미 종교 미술에서 승리의 십자가상이 사라졌음을 내비쳤다. 그러나 이 유형이 다른 유형에 몰려났더라도, 우리는 옛 유형

---

6   영어 번역은 다음을 보라. *The English Hymnal*, No. 130. 이 시기에 속하는 다른 예로는 122장과 129장이 있다.

의 십자가상들이 중세 미술에서 가장 탁월한 시기에 만들어졌으며, 고전 속죄 개념을 정확하게 묘사한다는 점을 기억해야 한다. 이 십자가상들은 그리스도를 고난받는 자이자 승리자로, 자신을 희생함으로써 승리하신 분으로 보여 준다. 또한 14세기 이전의 시와 미술 작품들은 후대에까지 남아서 그 작품들이 표현한 구속 개념을 증거하고 있다는 점도 기억해야 한다.

중요한 주제에 대한 이 몇 가지 언급만으로도 고전 속죄 개념이 중세 시대에 완전히 사라지지 않았음을 보여 주기에 충분할 것이다. 표면상에는 신학과 경건 생활에서 다른 흐름이 강하게 나타났지만, 심연에는 초기 그리스도교에서 온 흐름이 여전히 이어지고 있었다. 시와 미술은 계속 남아서 저 흐름이 사람들의 마음에 미친 힘을 계속 증언하고 있었고, 이 흐름은 설교에서도 나타났다. 심지어 중세 말기에도 이 흐름은 완전히 끊어지지 않았고, 마르틴 루터를 통해 이전보다 더 큰 힘으로 표면 위로 올라왔다. 이때 사도와 교부의 전통뿐만 아니라 여전히 사람들의 마음속에 살아 있는 신앙에 호소할 수 있었다.

6

루터

1. 루터에 대한 해석들

루터의 신학에서 속죄에 관한 가르침보다 더 대강 다루어지거나 더 심하게 잘못 해석된 측면은 없다고 단언할 수 있다. 이 주제에 대한 그의 가르침이 안셀무스 유형에 속한다고 가정한 것이 불찰의 근원이다.

물론 루터가 그리스도의 사역에 관해 제시한 생각들이 스콜라 교리 체계에 맞지 않는다는 점을 모를 수는 없었을 것이다. 그러나 이러한 생각들이 대개는 상대적으로 덜 중요하게 다루어지거나, 엄밀한 의미의 '속죄'와는 관련이 없는 것으로 여겨졌다. 19세기 후반에 루터를 가장 철저하게 연구했던 테오도시우스 하르낙은 루터가 그리스도의 사역을 '폭군들'에 대한 승리로 보는 관점으로 자주 돌아갔다는 점에 주목한다. 그러나 그는 그러한 발언들이 구원과만 관련된 것으로 보고, 속죄와는 무관하다고 여겼다. 그는 루터의 신학이 속죄와 관련해서는 라틴 유형에 속한다고 보았다. A. 리츨은 루터의 글에 드라마적 관점이 거듭 나타난다고 지적했지만, "중세 교리에 비해 나아진 점이 없다"고 간단히 일축했다. 속죄에 대한 루터의 가르침이 안셀무스의 가르침과 똑같이 '사법적' 유형에 속한다는 것이다. 따라서 리츨은 루터의 신학 전체가 칭의에 관한 가르침과 속죄 교리 사이에서 해결되지 않은 이율배반을 안고 있다고 평가했다. 루터의 칭의에 관한 가르침은 중세 도덕주의와 극명하게 대조되지만, 루터의 속죄 교리에는 다른 데서는 극복했던 공로 개념이 여전히 남아 있기 때문이다. 그렇다면 안셀무스, 루터, 루터교 정통주의 사이에는 전통의 연속성이 있다.

리츨의 후계자들 역시 이 문제에 대해 같은 일반적 견해를 이어 갔다. R. 오토도 루터 사상에서 누미노제 요소에 관한 논문에서 이를 반복하고,[1] E. 브룬너도 이를 반복한다. 브룬너는 Strafsühngedanke, 즉 죄를 씻는 형벌 개념을 안셀무스가 발전시켰고 종교개혁자들이 완전하게 표현해 냈다고 설명한다. 그리고 이 작업에 주된 역할은 칼뱅이 했다고 덧붙인다.[2] K. 홀과 그를 따르는 이들은 다소 다른 태도를 취했지만, 루터 가르침의 진정한 성격과 루터가 고전 속죄 개념을 되살렸다는 점을 제대로 파악하지 못했다. 이런 유형의 속죄 교리에

---

1   Rudolf Otto, *Aufsätze das Numinose betreffend*, p. 200.
2   Brunner, *Der Mittler*, pp. 413-14.

대해서는 특별히 조사하지 않았기 때문이다.

이제 나는 루터의 가르침은 교부들의 옛 고전적 속죄 주제를 부활시킨 것으로 보아야만 올바로 이해할 수 있으며, 심지어 루터가 더 깊이 있게 다루었다고 주장하려 한다.[3]

2. 루터 신학에서 고전 속죄 개념

속죄에 관한 루터의 가르침이 고전 유형에 속한다는 결정적 증거는 단순히 그가 고전 속죄 개념 특유의 이미지와 표현 형식을 사용한다는 점에 있지 않다. 왜냐하면 위대한 스콜라학자들도 정도는 덜하지만 그런 것들을 사용했기 때문이다. 또한 그리스도의 사역과 그 의미를 신적 싸움과 승리로 보는 드라마적 견해가 루터의 신학에 계속 어김없이 나오는 것도 아니다. 하지만 루터는 맹렬한 표현, 강렬한 색

---

3 내가 볼 때 루터의 가르침을 놀랍게 잘못 해석한 것이 있는데, 이를 설명해 주는 이유는 다음과 같이 세 가지로 요약될 수 있으며, 자세한 사항은 이 장과 다음 장에서 다룰 것이다. (1) 루터 시대에는 속죄 교리가 논쟁 쟁점으로 제기되지 않았기 때문에, 이 주제에 대한 그의 발언들이 상대적으로 덜 주목받았다. (2) 루터가 만족이나 공로 같은 전형적인 '라틴식' 용어들을 새로운 의미로 사용했기 때문에, 자연스럽게 오해되었다. (3) 속죄에 대한 이른바 '객관적' 견해와 '주관적' 견해만이 선택지라는 일반적인 가정이 있었고, 그 결과 고전 개념의 존재는 거의 간과되었으며, 그 전형적 특징들도 주목받지 못했다.

　나는 최근 스웨덴에서 출간된 루터에 관한 책에 따뜻한 찬사를 덧붙이고 싶다. Ragnar Bring, *Dualismen bos Luther*. 이 책은 루터가 이 주제에 관해 실제로 말한 바를 정확하게 규명한다. 또한 이 책은 루터의 속죄 교리를 그의 가르침 전체와 연관시켜 해석한다는 점에서도 가치가 있다.

채, 실재론적 이미지를 좋아했고, 수많은 구절에서 그리스도와 폭군 들의 싸움을 이런 식으로 묘사한다. 색이 강하고 묘사가 구체적이더 라도 그의 눈에는 지나친 것으로 보이지 않았다. 심지어 교부들의 가 장 기괴한 비유들까지도 되살려 냈다. 이러한 것들은 스콜라주의에 서 더 순수하고 합리적인 설명을 찾았다고 자부하며 버려진 것인데, 이제 모두 다시 돌아왔다. 루터는 가장 조야한 상징들, 특히 마귀를 속인다는 상징에 특별한 애착을 보였다. 많은 예 중 하나를 들자면,[4] 그는 십자가에 못 박히신 분은 그냥 인간이 아니라 영광의 주님이셨 지만, 하나님이 이 사실을 마귀에게 숨기셨다고, 그렇지 않았으면 마 귀가 감히 주님을 공격하지 못했을 것이라고 설명한다. 하나님께서, 낚싯대에 줄을 묶고 날카로운 바늘에 벌레를 미끼로 끼워 줄에 달고 물에 던지는 어부와 같은 행위를 하신 것이다. 물고기에게는 벌레는 보이지만 바늘은 보이지 않는다. 그래서 좋은 먹이를 찾았다고 생각 하며 물지만, 바늘이 아가미에 걸려 잡히고 만다. 하나님께서도 그리 하신 것이다. 그리스도는 사람이 되셔야 했다. 하나님은 그리스도를 높은 하늘에서 세상으로 보내셨다. 세상에서 마귀가 그리스도를 발 견하고는 "벌레요 사람이 아니라"(시 22:6) 생각하고 그를 삼켜 버렸 다. 하지만 마귀가 소화할 수 있는 음식이 아니었다. "마귀가 그리스 도께 아가미를 찔려서, 선지자 요나를 삼킨 고래처럼 그를 도로 뱉어 내야 했다. 마귀가 그리스도를 씹는 바로 그 순간 숨이 막혀서 죽임

---

4 《루터 전집》(바이마르판) XX, pp. 334-35.

당하고, 그리스도께 사로잡히게 된다." 호세아서 말씀이 성취된 것이다. "내가 그들을 스올의 권세에서 속량하며 사망에서 구속할 것이다. 사망아, 내가 너의 재앙이 될 것이다. 스올아, 내가 네 멸망이 될 것이다"(호 13:14). 이러한 실재론적인 글을 수없이 인용할 수 있다. 루터가 그리스도께서 폭군들을 이기셨다는 주제로 거듭 돌아간다는 사실은 이것이 그저 우발적인 게 아님을 증명한다.

그럼에도 루터 속죄 사상의 진정한 성격에 대한 결정적 증거는 루터가 그런 이미지를 자주 사용한다는 사실에 있지 않다. 오히려 다음 세 가지로 요약될 수 있다.

첫째, 루터는 할 수 있는 한 최대한 신중하고 정확하게 자기 생각을 표현해야 하는 지점에서, 예컨대 교리문답에서, 항상 드라마적 견해로 돌아간다.

둘째, 그는 속죄의 의미를 드라마적 용어로 진술하는 것들이 그리스도교 신앙의 핵심 본질을 전달한다고 매우 명확하게 반복적으로 확언한다. 그것들은 우리 신학에서 으뜸가는 것들capitalia nostrae theologiae이다.

셋째, 무엇보다도 그리스도의 사역에 대한 드라마적 견해는 그의 신학적 관점 전체와 유기적으로 연결되어 있다.

《소교리문답》에서 그리스도의 사역을 설명하는 핵심 문구는 다음과 같다. "그는 버림받고 저주받은 나를 모든 죄에서, 죽음과 마귀의 권세에서 구출하시고 사셔서 나를 얻으셨습니다." 지난 수 세기 동안 이 문구를 틀어서 라틴 속죄 교리로 읽으려는 시도가 수없이 많았다는 사실은 생각하면 할수록 희한하다. 왜냐하면 이 문구가 담고 있는 사상이 교부들의 사상과 동일하다는 점이 대낮처럼 분명하기 때문이다. 여기에 언급된 세 가지 적, 곧 죄와 죽음과 마귀는 바로 초기 교회의 익숙한 삼인방이다. 루터가 자기 생각을 이렇게 표현한 것은 결코 우연일 리 없다. 왜냐하면 그가 《소교리문답》에 쓴 단어 하나하나마다 얼마나 신중을 기했는지 알기 때문이다. 여전히 미심쩍은 부분이 있다면 《대교리문답》이 해소해 줄 것이다. 사도신경의 그리스도론 부분에서, 루터는 신경의 이 부분이 우리 구원의 총체적 기반이므로, 우리가 신경의 이 부분을 이해하는 데 복음 전체가 달려 있다고 말한다. 그는 모든 무게가 **주님**이라는 단어에 있다고 말한다. 그리스도는 우리 주님이시다. "'주님'이시라는 것은 무슨 말입니까? 그것은 바로 그분이 나를 죄에서, 마귀에게서, 죽음과 모든 화에서 구속하셨다는 말입니다. 전에는 내게 주님도 왕도 없었습니다. 그저 마귀의 권세에 사로잡혀 죽을 운명이었고, 죄에 얽매여 눈먼 처지였습니다. … 그러므로 이제 그 폭군들과 간수들이 모두 짓밟혔고, 그 자리에 생명과 의로움과 모든 선함과 거룩함의 주님이신 예수 그리스도께서 오셨습니다. 그분은 우리 가련하게 잃은 인간들을 지옥 문턱에서 잡아 **빼서서**, 우리를 쟁취하셨고, 우리를 자유롭게 하셨으며, 우리를 아버지의 선함과 은총 가운데로 돌아오게 하셨습니다."[5]

루터의 매우 힘 있고 특색 있는 찬송들이 이 같은 주제를 바탕으로 만들어졌다는 점도 시사하는 바가 크다. 이를테면, 〈사랑하는 그

---

5   《루터 전집》(바이마르판) XXX.i, p. 186.

리스도인이여 이제 다 함께 기뻐하라〉Nun freut euch lieben Christen gmein 와 〈내
주는 강한 성이요〉 같은 찬송이 그렇다.

나는 루터의 전체 가르침의 핵심 토대를 아마도 가장 정확히 보여
주는 전형적인 글 하나를 인용하려 한다. 이는 《갈라디아서 강해》
Longer Commentary on Galatians, 루터신학대학교출판부 역간에서 발췌한 것이다.[6]

"온 세상에 대한 하나님의 진노인 저주는 복과 ― 즉, 그리스도 안에 있는
하나님의 영원한 은혜와 자비와 ― 싸우고 있었다. 저주는 복과 싸워서
복을 정죄하고 완전히 소멸하려 했지만, 그럴 수 없었다. 복이 신적이고
영원하기에, 저주는 굴복해야 했다. 만일 그리스도 안에 있는 복이 굴복
된다면, 하나님 자신이 싸움에서 지신 것이다. 그러나 그것은 불가능하
다. 하나님의 능력, 의로움, 복, 은혜, 생명이신 그리스도께서 이 괴물들,
곧 죄와 죽음과 저주를 이기시고 물리치신다."

(여기서 루터는 골 2:15를 인용한다. "통치자들과 권세들을 무력화하여, 드러
내어 구경거리로 삼으시고, 십자가로 그들을 이기셨느니라.")

"그러므로 당신은 이 사람을 바라볼 때, 죄, 죽음, 하나님의 진노, 지옥, 마
귀, 모든 악이 패하여 죽은 것을 본다. 따라서 그리스도께서 자기 은혜로

---

6   갈라디아서 3:13에 관한 주석이다. "그리스도께서 우리를 위하여 저주를 받은 바
되사 율법의 저주에서 우리를 구속하셨으니 기록된 바 나무에 달린 자마다 저주 아
래에 있는 자라 하였음이라 … 이는 그리스도 예수 안에서 아브라함의 복이 이방인
에게 미치게 하고"(갈 3:13-14).

신자들의 마음을 다스리시는 곳에서는 더 이상 죄, 죽음, 저주가 존재하지 않지만, 그리스도를 알지 못하는 곳에서는 여전히 남아 있다. 그래서 믿지 않는 자는 이 유익과 이 승리를 누리지 못한다. 요한이 말했듯이 우리의 승리는 우리의 믿음이다. 이는 그리스도교 가르침의 주요 조항이나, 과거에 궤변가들이 어둠 속에 감추었던 것이며, 오늘날 광신도들이 흐려놓은 것이다.[7] 그리고 여기서 우리는 그리스도의 신성에 관한 조항을 믿고 고백하는 것이 얼마나 필요한지 보게 된다. 아리우스가 이를 부인했을 때 구속의 조항까지 부인한 것이다. 왜냐하면 그리스도께서 친히 세상의 죄, 죽음, 저주와 하나님의 진노를 이기신 것은 어떤 피조물의 일이 아니라 전능하신 하나님의 일이기 때문이다. 그러므로 이것들을 친히 이기신 분은 본성상 실제로 하나님이어야 한다. 왜냐하면 세상과 모든 피조물 안에서 지배력을 행사하는 이 강력한 권세들, 곧 죄와 죽음과 저주에 맞서려면, 다른 더 높은 권세가 나타나야 하기 때문이다. 그 권세는 하나님일 수밖에 없다. 한편으로 죄를 멸하시고 죽음을 치시며 저주를 친히 없애시는 것, 다른 한편으로 의로움을 주시고 생명을 밝히시며 복을 주시는 것, 즉 전자를 멸하고 후자를 창조하는 것은 오로지 하나님의 전능하심으로만 가능한 일이다. 그러나 성경이 이 모든 것을 그리스도께 돌릴 때는 그리스도 자신이 생명과 의와 복인 것이다—즉, 그리스도는 본성에 있어서와 본질에 있어서 하나님이시다. 그러므로 그리스도의 신성을 부인하는

---

7 《갈라디아서 짧은 강해》(*Shorter Commentary on Galatians*, 1531)는 이 부분을 다음과 같이 읽는다. "Ista sunt capitalia nostrae theologiae, quae obscuraverunt Sophistae"(이는 우리 신학에서 으뜸가는 것들이나, 궤변가들이 흐려 놓았다).

자들은 그리스도교를 전부 잃고 그저 이교도와 무슬림Turks이 된다. 따라서 내가 계속 말했듯이 칭의 조항을 정확히 이해해야 한다. 왜냐하면 여기에 우리 신앙의 다른 모든 조항이 포함되어 있으며, 이것이 온전히 유지되면 다른 모든 조항도 온전히 유지되기 때문이다. 그러므로 우리가 그리스도를 통해 사람이 의롭게 되고 그리스도는 죄와 죽음과 영원한 저주의 정복자시라고 가르칠 때, 동시에 우리는 그리스도가 본성상 하나님이라고 증언하는 것이기도 하다."

이 인용문은 루터 신학의 정수를 설명하는 텍스트로 여겨질 수 있다. 그는 자기 마음에 가장 가까이 있는 것을 말하고 있고, 오해의 여지가 없는 언어로 설명하고 있다. 여기서 두 가지가 완전 분명하다. 첫째, 우리는 다시금 고전 속죄 개념을 듣고 있다 — 실제로 전에 없이 강렬하고 강력하게 제시하고 있다는 인상을 받는다. 둘째, 루터가 그토록 강조한 그리스도의 사역에 관한 드라마적 견해가 그의 칭의 교리와 유기적으로, 불가분하게 연결되어 있다. 우리가 그리스도를 통해 의롭게 된다는 것은 곧 그리스도께서 죄, 죽음, 끝없는 저주를 정복하셨다는 말과 같다고 루터는 이야기한다. 또한 그는 이것이 그리스도교 신앙의 최핵심(capitalia nostrae theologiae)이라고도 한다.

그리스도의 사역에 대한 루터의 해석에는 고전 속죄 개념의 전형적 특징이 다 있다. 첫째, 여기에는 신적 활동의 연속성이 있다. 루터는 몇 번이고 이 주제로 돌아가서 온 힘을 다해 강조한다. 폭군들을 이길 수 있는 유일한 힘은 하나님의 전능이다. 폭군들이 승리했다면,

하나님 자신은 패하신 것이다. 그러나 이제 전능의 하나님께서 친히 개입하셔서 자신의 사역을 승리로 이끄신다.

둘째, 속죄가 또다시 성육신과 밀접하게 관련되어 있다. 루터가 그리스도의 신성에 관한 조항을 고백하는 것이 얼마나 필요하다고 말하는지 보았다. 모든 것이 성육신에 달려 있다. 그리스도께서 단지 사람으로서, 인간 본성 안에서 하나님께 제물로 바쳐졌다는 생각은 조금도 나오지 않는다. 그러므로 루터가 그리스도 안의 순전히 인간적인 것만 강조했다거나 역사적 예수만을 강조했다는 해석, 그리고 교부들의 그리스도론을 그저 옛 유산으로만 인정하고 있었다는 해석이 얼마나 근본부터 틀렸는지 명확해졌다. 모든 것은 하나님이 직접 그리스도 안에서 폭군들을 이기셨다는 주장에 의존한다. 동시에 그리스도의 신성은 루터에게 단지 형이상학적 교의가 아니며, '육체·물리적' 교리는 더욱 아니다. 구속 사역에서 실제 행위자는 다름 아닌 하나님 자신의 복, 의로움, 생명이기 때문이다.

셋째, 전반적 관점이 이원론적이고 드라마적이다. 그는 그리스도께서 승리하시는 엄청난 싸움, 곧 기묘한 전투mirabile duellum에 대해 묘사한다. 그래서 우리는 초기 교회에 울려 퍼진 승리의 선율을 또다시 듣게 된다. 중세의 분위기는 스콜라주의와 수난에 대한 경건심이 지배적이었는데, 이제 공기가 달라졌다. 루터의 찬송들만 들어 봐도 나팔 팡파르처럼 승리의 감격이 울려 퍼지는 것을 느낄 수 있다.

그래서 루터의 신학에서 고전 속죄 개념을 다시 만난다는 점에 대해 의심할 여지가 없다. 이는 교부들의 견해가 다시 돌아온 것이지만, 이전보다 더 깊고 강력해져서 돌아온 것이다. 인류를 속박한 적들을 다루는 루터의 태도에서 우리는 이를 가장 분명하게 볼 수 있을 것이다. 그는 이 원수들을 길게 열거하는데, 그 이름 중 일부는 동의어로 볼 수 있고, 결국 다섯으로 요약될 수 있다. 바로 죄, 죽음, 마귀, 율법, 진노다. 교부들의 통상적인 삼인방에 둘을 더한 것이다. 율법을 '폭군'으로 간주한 것은 바울의 가르침을 포착한 것이지만, 진노―즉, 하나님의 진노―를 포함시킨 것은 특별히 주의해야 하기에, 잠시 후 돌아와서 주의 깊게 탐구할 것이다. 우선 루터의 이미지 사용에 대해 간략히 다룰 필요가 있다.

우리는 루터가 강렬한 색채로 묘사하는 것을 얼마나 좋아하는지 보았고, 교부들의 가장 실재론적인 이미지에 특히 애정이 있다는 점을 관찰했다. 따라서 그러한 이미지는 이미지일 뿐임을 그가 얼마나 명확히 이해하고 설명하고 있는지를 보는 게 중요하다. 그는 개념 자체와 개념을 표현하는 이미지를 명확히 구별하지만, 그럼에도 이미지 사용이 불필요한 것은 아닌데, 왜냐하면 이러한 문제들은 이미지를 통해 가장 잘 나타날 수 있기 때문이다. 루터는 지옥강하를 설명하는 한 구절에서 매우 의미심장한 말을 한다. 그는 이렇게 말한다. 만일 어떤 주제에 대해 있는 그대로를 날카롭고 솜씨 좋게 설명하려 한다 해도, 그 문제가 담고 있는 진리를 철두철미하게 전부 설명할 수는 없을 것이다. 그러나 이미지를 사용함으로써, 그리스도께서 어떻게 손에 깃발을 들고 내려가셔서 마귀들을 쳐서 쫓아내시고 지옥 요새를 습격하셨는지 묘사할 수 있다. 이제 누군가는 웃으며 이렇게 물을지도 모른다. 그리스도께서 지옥 요새를 점령하실 때 어떤 깃발을 들고 계셨는지, 그 깃발의 재료는 무엇인지, 깃발은 왜 지옥 불에 타지 않았는지, 지옥문은 어떤 식으로 되어 있는지. 이런 것을 믿었던 그리스도인들은 얼간이였다고 조롱하기는 쉽다. 그러나 이런 식으로 묻는 것이야말로 돼지나 소가 할 법한 바보 놀이다! 누군가는 이를 알레고리화해서 깃발, 깃대, 기치, 지옥문이 의미하는 바를 설명할지도 모른다. 그러나 그리스도인들은 이런 일이 가시적으로 일어났다고 믿거나, 지옥 구조가 나무나 철로 되어 있다고 말할 만큼 유치하지 않을 것이다. 오히려 그리스도인들은 이렇게 억측하기보다 그러한 것들에 관해 단순하게 이야기했을 것이다. 신적인 것들에 관한 가르침이 항상 투박한 물질세계의 이미지로 표현되는 것처럼 말이다. 그리스도께서도 천국의 신비에 관해 말씀하실 때 이미지와 비유를 사용하셨다.[8]

우리는 루터의 마귀 관념과 그가 마귀를 속이는 것에 관해 부단히 묘사하는 바를 이와 관련하여 다시 살펴볼 수 있다. 마귀에 관한 언급과 다른 적들—죄, 죽음, 율법, 진노—에 관한 언급은 계속 번갈아 가며 나온다. 이는 그의 마귀 관념이 단지 신화적 요소가 아님을, 오히려 그가 인간 세계에 실제로 존재하는 악의 권세를 생각하고 있음을, 마귀를 이러한 악의 권세의 구현으로 생각하고 있음을 보여 준다. 마귀와의 전쟁은 확실히 인간의 무대에서 벌어지는데, 이는 다른

---

8 《루터 전집》(바이마르판) XXXVII, p. 63; Bring, *Dualismen bos Luther*, pp. 129 이하.

'폭군들'과의 전쟁과 동일한 것이다.

그가 마귀를 속인다는 개념을 자주 사용한 것은 그의 신학에서 중요한 요소인 숨어계신 하나님(Deus absconditus) 사상과 밀접하게 연결되어 있다. 루터는 여러 곳에서 이 주제로 돌아간다. 내가 다른 곳에서 보여 주려 했듯이,[9] 이 용어는 꽤 다양한 의미로 사용된다. 어쨌든 그가 의미한 바의 한 측면은 드러내신 하나님(Deus revelatus)께서 숨어계신 하나님으로서 세상에서 우리와 만나신다는 것이다. 즉, 하나님께서 멸시받는 인간 그리스도 안에, 그리스도의 낮아지심 안에, 고난과 죽음으로 자기를 바치신 그리스도의 헌신 안에 존재하시며 숨어계셨다는 것이다. 이것이 마귀를 속인다는 이미지의 근간을 이루는 생각이다. 그리스도 안에는 모든 권세 가운데 가장 강한 힘이 존재하되 숨겨져 있었다. 그러나 '적들'은 그리스도를 공격할 때 이 사실을 생각하지 못했다. 따라서 마귀를 속임에 관한 언어는 루터의 매우 깊은 사상을 표현한 것이다. 즉, Deus revelatus는 항상 동시에 Deus absconditus이시라는 것이다. 자신을 계시하시고 인간을 구출하시는 하나님은 또한 가장 낮고 가장 멸시받는 곳에 존재하시며 숨어계신다. 이것이 하나님의 '속임'이며, 이 개념은 루터가 발전시킨 또 다른 개념, 즉 그 자체로 선한 것도 사람들을 완고하게 하거나, 악을 부추기거나, 악한 자의 악의를 증대시킬 수 있음을 보여 주면서 발전시킨 개념과 본질상 밀접하게 관련된다. 그래서 악은

---

9   Cf. 나의 책 *Den kristna gudsbilden*, pp. 225-34.

선을 공격하지만, 그 공격은 오히려 자기 파멸의 길이다. 악은 도를 넘다가 자기 꾀에 넘어진다. 악이 승리한 것처럼 보일 때 그 권세가 깨진다.

3. 율법과 하나님의 진노

'율법'과 '진노'는 폭군에 속하지만, 분명 다른 폭군들보다는 하나님의 뜻과 더 밀접한 관계가 있다. 교부들과 마찬가지로 루터 신학에서 죽음과 마귀가 죄에 대한 하나님의 심판 집행자로 다루어질 수 있다는 것도 사실이다. 그리스도의 승리는 이러한 관점에서 보더라도 그것이 하나님과 세상 사이의 속죄和解를 이루었음을 함의한다. 앞서 살펴보았듯이, 그리스도의 승리와 속죄를 구별하여 승리가 속죄가 아니라 구원에만 영향을 미친다고 주장하면 타당하지 않다. 그러나 죽음과 마귀에 대한 승리를 논할 때는 그렇게 구분해서 보는 것도 가능하다. 하지만 그리스도께서 이기신 적들에 율법과 하나님의 진노가 포함된다면 그런 구분이 불가능해진다. 이 둘은 하나님의 거룩한 뜻을 직접적으로 표현하는 것이기 때문이다. 율법 또는 유대 율법을 하나님의 뜻과 어느 정도 분리하여 하나님이 제정하신 법규 모음으로 볼 수 있다 하더라도, 하나님의 진노를 하나님의 뜻 자체의 한 측면이 아닌 다른 것으로 보는 것은 전혀 가능하지 않다.

루터는 율법이 그리스도를 공격했지만 사로잡을 수 없었음을 실재론적 언어로 종종 묘사한다. 루터가 율법에 대해 말할 때 사용한 언어는 마귀가 그리스도를 공격했지만 자기 권리를 넘어섰기에 권리를 상실했다고 말한 크리소스토무스의 언어와 같다. 루터는 율법이 그리스도를 정죄했으나, 그리스도에 대한 권한이 없어서 지배권을 상실했다고 말한다.

"그리스도께서 우리 모두가 얽매여 있던 속박에 사로잡히셨고, 율법 아래 놓이셨다. 그리스도는 모든 은혜와 의로움 등으로 충만한 사람이셨고, 생명으로 충만하셨다. 그렇다. 그는 생명 자체셨다. 이제 율법이 와서 그리스도께 덤벼들며 다른 모든 사람을 대하듯이 그리스도를 대하려 한다. 그리스도께서는 이를 보시고, 자기 뜻을 폭군들이 자기에게 수행하도록 두시고, 저주받는 자같이 모든 죄책의 화살이 자기에게 오게 하시고, 자기 자신을 저주받은 자라는 이름으로 불리게 하시고, 이 때문에 고난받으러 가시고 죽으시고 묻히신다. 이제 율법은 그리스도를 이겼다고 생각한다. 그러나 율법은 자신이 심히 잘못 판단하여, 하나님의 아들을 정죄하고 목 졸라 죽였음을 알지 못했다. 이제 율법은 무죄한 분을 아무런 권한도 없이 심판하고 정죄했으므로, 자기 차례가 되어 자신이 사로잡히고 십자가에 못 박히고, 모든 권세를 잃고 자기가 정죄한 자의 발아래 놓이게 된다."[10]

10   《루터 전집》(바이마르판) XXIII, p. 709; Bring, *Dualismen bos Luther*, p. 159.

루터의 글에서 이런 부분의 진정한 내용을 이해하기 위해서는 그가 어떤 의미에서 율법을 '적'으로 간주했는지를 명확히 해야 한다. 루터는 바울 못지않게 율법을 선과 악이라고 동시에 주장한다. 어떤 관점에서는 전적으로 선하고, 어떤 관점에서는 전적으로 악하다는 것이다. 율법은 하나님의 뜻과 계명을 표현한 것이기에 선하지만, 죄를 유발하고 증대시키므로 '폭군'이기도 하다. 율법은 죄인이 율법을 지키지 못한 것을 판단하는 심판자이기에 정죄로 이어질 수밖에 없다. 그뿐만 아니라 더 중요한 점은 율법 준수는 구원에 이를 수 없는 길이라는 사실이다. 율법의 길은 거짓된 길, 행위의 길, 펠라기우스의 길, 인간이 하나님께 오르려는 길로 드러난다. 하나님 뜻의 표현인 율법은 단순한 의무의 문제가 아니다. 율법은 자유롭고 자발적인 순종을 요구한다. 하지만 동시에 율법은 계명으로 구성되어 있기 때문에 인간을 하나님과 법적 관계에 놓는다. 이는 순종하도록 주어진 규정들로 특징지어진다. "율법은 자유를 요구하면서도 동시에 인간을 속박한다. … 따라서 그 요구는 공포된 순간부터 지킬 수 없는 것이었다. 율법의 기능은 처음부터 끝까지 심판하고 정죄하는 폭군 역할이 되었다. 율법은 효력이 있는 만큼 정죄한다."[11] 핵심은 율법의 요구가 단순히 외적 계명 준수에 그치지 않고 사랑의 자발적 순종을 포함하는 데까지 심화되면, 온전한 율법의 길이 불가능해지고 '적'으로 변한다는 것이다. 루터의 이러한 기본적인 생각은 하나님과 인간

---

11   Bring, *Dualismen bos Luther*, pp. 166-67.

의 관계를 규율하는 율법 개념으로는 결코 영적인 삶이 올바른 기초 위에 설 수 없다는 점, 아니, 오히려 영적인 삶이 파괴된다는 점을 보여 준다.

이러한 점이 그리스도께서 율법을 이기셨고 율법의 자리를 폐위하셨다는 루터의 표현 뒤에 있는 사유의 흐름이다. 전체의 핵심은 신적 사랑이 공로와 정의의 질서를 산산조각 내고, 하나님과의 관계를 지배하는 새로운 질서, 곧 은혜의 질서를 창조한다는 생각이다. 율법에 대한 그리스도의 승리는 라틴 그리스도교의 도덕주의를 반대하는 루터의 입장을 가장 명확하게 표현한 것이다. 이와 동시에 덧붙일 점이 있다. 율법을 적으로 간주하는 이 기본 발상은 루터가 다른 곳에서 그리스도인의 삶을 규율하는 법과 규칙의 가치에 대해 말한 것과 결코 모순되지 않는다.

하나님의 진노가 적이라는 생각, 곧 그리스도께서 그로부터 우리를 구출하신다는 생각은 루터 신학의 최핵심으로 우리를 인도한다. 루터는 하나님의 진노에 대해 교황 치하에서 선포되는 것보다 자신이 훨씬 강하게 선포했다고 자랑하곤 했는데, 이는 정당한 주장일 것이다. 일반적으로 중세의 가르침에서 하나님의 진노는 다가올 심판으로 격하되었다. 루터의 신학에서는 현재에도 하나님의 진노가 작용하고 있으며, 죄와 죄책을 짊어진 인간 위에 끔찍하게 머물러 있다고 제시한다. 속죄 논의에서 이 점이 중요한 이유는 루터 신학에서 하나님의 진노가 중세 체계의 응보적 정의(justitia retributiva)를 대신하기 때문이다. 루터는 차가운 사법적 용어보다 인격적 용어를 대체로 선호하였다. 이는 하나님께서 죄 많은 인간을 심판하시고 자신이 세우신 은혜의 질서를 유지하기 위해 적극적으로 활동하시고 인격적으로 관여하신다는 점을 보여 주려는 그의 의도가 분명하다. 하나님의 진노는 하나님의 뜻이 인간의 죄에 대해 즉각적이고 직접적으로 반응한다는 것을 나타내는 표현이다.

그런데 하나님의 진노가 하나님의 뜻과 동일하더라도, 루터에 따르면 하나님의 진노는 '폭군'이며, 심지어 폭군 중에서도 가장 두렵고 무시무시하다. 그것은 신적 사랑의 반대편에 있다는 점에서 폭군이다. 이 지점에서 루터는 하나님 자신의 싸움과 승리라는 개념을 지금까지 우리가 접했던 것 이상으로 역설적으로 날카롭게 다룬다. 마치 이 싸움이 신적 존재 자체 안으로 되돌아가는 것처럼 보일 것이다. 앞서《갈라디아서 강해》에서 인용한 부분을 다시 살펴보자.

"온 세상에 대한 **하나님의 진노**인 저주는 복과 ― 즉, **그리스도 안에 있는 하나님의 영원한 은혜와 자비**와 ― 싸우고 있었다. 저주는 복과 싸워서 복을 정죄하고 완전히 소멸하려 하지만, 그럴 수 없었다. 복이 **신적이고 영원**하기에, 저주는 굴복해야 했다. **만일 그리스도 안에 있는 복이 굴복된다면, 하나님 자신이 싸움에서 지신 것이다.** 그러나 그것은 불가능하다."

루터는 여기서 신적 저주인 진노와 하나님의 복인 사랑 사이의 싸움이라는 이율배반을 제시한다. 진노는 하나님의 진노지만, 하나님의 가장 깊숙한 본성을 나타내는 것은 복이다. 저주는 반드시 항복해야 한다. 만약 복이 항복한다면 하나님도 패할 수 있기 때문이다. 따라서 신적인 '그리스도 안의 복'이 이긴 승리는 전적으로 하나님 자신의 승리 행위다. **이 지점에서도** 이원론적 관점이 유지되기 때문이다.

이러한 사고의 흐름을 라틴 속죄 이론의 사고와 비교하는 것이 중요하다. 라틴 이론에도 하나님의 응보적 정의와 하나님의 사랑 사이의 대립이라는 사고가 들어 있다. 여기에는 실제로 사고의 유사성이 있다. 그러나 주된 차이는 루터의 경우 이 대립을 훨씬 더 첨예한 형태로 제시한다는 것이다. 그리고 이러한 이율배반에 대한 양쪽의 해결책은 극과 극이다. 라틴 이론에서는 그리스도께서 이루신 만족이 형벌 요구와 형벌 면제 사이에서 주로 합리적으로 고안된 절충이다. 하나님의 정의의 요구는 그리스도께서 인간 편에서, 아래로부터 치르신 배상으로 만족된다. 그러나 루터에게는 이러한 합리주의의 흔적이 모두 사라졌다. 이원론적 관점이 유지되고 있기 때문에, 저주와 진노에 대한 승리가 가장 완전한 의미에서 하나님의 승리이기 때문에 사라진 것이다. 그리스도께서 하나님의 진노 아래로 들어가셔서, 그 진노로 인해 인간에게 닥친 형벌의 짐을 짊어지시는 것은 하나님의 승리 행위다. 이와 같이 하나님의 사랑이 진노를 이긴다. 대신하는 구속 행위에서 진노는, 루터의 말대로 하나님의 본질die Natur Gottes인 사랑에 패한다. 그러나 진노가 패했다는 사실은 결코 진노가 보여주기식 진노였다거나, 진노가 소멸했다는 의미는 아니다. 오히려 속죄를 통해 진노가 헤겔적 의미에서 지양되고aufgehoben 초월된다—

즉, 여전히 진노는 하나님의 사랑 안과 뒤에 잠재적으로 남아 있으며, 사랑이 성취하는 사역의 배경을 형성한다.

이와 같이 루터의 이 사상을 라틴 교리의 해당 지점과 비교해 보면, 언뜻 비슷해 보였던 바로 그 부분에서 가장 근본적인 차이가 드러난다. 이 사실은 다음 단락에서 살펴보겠지만, 루터가 의미한 바를 크게 오해하게 만든 원인이었다. 우리는 루터가 그리스도께서 대신 고난받으신 것과 형벌을 감당하신 것에 관해 이야기할 때 사용하는 용어가 라틴 교리와 다소 유사하다는 점을 발견한다. 그러나 루터는 이러한 용어에 전혀 다른 의미를 담아낸다. **왜냐하면** 그가 처음부터 끝까지 이원론적 관점을 고수하고, 따라서 하나님이 직접 구속 사역에 관여하신다고 보기 때문이다. 루터는 하나님의 진노를 이긴다는 주제를 제시하면서 고전 개념 특유의 가르침을 보여 주지만, 앞선 이들보다 더 깊고 통찰력 있게 파고든다. 그것은 고전 개념의 본질적인 양면성—즉, 하나님은 화해시키시는 분이자 화해되시는 분이라는 것—인데, 새롭고 강렬한 빛으로 드러낸다.

4. 루터와 라틴 속죄 교리

우리는 이미 속죄에 관한 루터의 가르침과 라틴 이론 사이의 핵심 차이를 살펴보았다. 하지만 루터가 라틴 이론과 특별히 관련된 몇몇 용어들, 특히 '희생', '공로', '만족'이라는 용어를 사용했다는 점을 고찰하며 더 자세히 설명할 필요가 있다.

　루터가 이런 용어들을 사용했다는 점은 흔히 속죄에 관한 그의 가르침이 라틴 유형에 속한다는 증거로 여겨졌다. 하지만 이는 너무 성급하게 내린 결론이다.

　공로와 만족은 처음부터 라틴 교리에 속한 용어지만, 희생의 경우는 전혀 그렇지 않다. 우리는 고전 속죄 개념을 표현하는 데 사용된 희생 개념을 매우 이른 시기까지 거슬러 올라가서 발견할 수 있다. 그리고 실제로 루터가 이 개념을 사용한 것도 초기 교회의 용례와 매우 밀접하게 일치한다. 루터 신학에는 하나님이 희생을 드리시는 분이자 받으시는 분이라는 초기 교회의 용례와 동일한 이중적 측면이 있다.

　루터는 그리스도의 희생이 단 한 번의 유일한 참된 희생이라고 즐겨 언급했다. 인간들이 바치는 희생들과 대조하면서 말이다. 특히 미사의 희생을 비판할 때 이러한 점을 강조했는데, 그가 볼 때 미사의 희생은 라틴 미사에서 매우 가증한 것이었다. 이처럼 그는 인간이 바치는 어떤 희생도 인정하지 않았는데(인간이 바치는 희생은 하나님을 달래기 위해 드리는 제물로 생각될 수 있다), 이는 다음과 같은 점을 함의한다. 즉, 루터는 그리스도의 희생이 순전히 그리스도의 인성으로 드린 제물일 수 없으며, 법적 체계가 요구하는 것으로 해석될 수도 없다고 생각했다. 이 희생은 하나님 자신의 희생이며, 동시에 하나님께 드려진 희생으로 여겨질 수 있다. 하지만 루터의 주요 관심은 속죄 사역이 하나님께서 얼마나 큰 **비용을 치르신** 것인지(이렇게 표현해도

된다면) 보여 주는 데 있었다. 루터가 이를 그리스도인들의 희생적 자기봉헌 개념과 나란히 제시했던 것에서도 그의 생각을 엿볼 수 있다. 루터는 그리스도께서 자신을 주심같이 그리스도인들도 그러해야 한다고 생각했다. 이제 루터가 인간이 아래에서 위로 영향을 미치기 위해 하나님께 드리는 어떤 희생도 인정하지 않은 것이 얼마나 확실한지 기억한다면, 그가 그리스도의 희생을 그런 의미로 해석하지 않았다는 점도 이해할 수 있을 것이다.

하지만 다른 두 용어, 즉 공로와 만족에 관해서는 사정이 다소 다르다. 이 두 용어는 항상 라틴 이론에 속한 것이었다. 그러나 루터는 이를 용광로에 넣고 녹여서 새로운 의미를 부여했다. 그는 '그리스도의 공로'라는 용어를 인간을 향한 하나님의 은혜와 자비 개념과 밀접하게 연관시켜 사용한다. "그리스도의 공로는 영과 생명, 은혜와 진리다"[12] 따라서 스웨덴 전례서 일반 고백문에서 "아버지의 자비와 주 예수 그리스도의 공로로"라는 문구(이는 1693년에야 삽입되었다)를 만일 루터가 읽었다면, 단순히 동어반복 같았을 것이다. 루터는 그리스도의 희생과 인간이 하는 모든 희생을 대조한 것처럼, 그리스도의 공로도 인간이 자기 것으로 주장할 만한 모든 공로와 대조한다. 그가 무엇보다도 특히 예민하게 다룬 점은 인간의 공로나 의로움 같은 것은 없고 오직 그리스도 안에 나타난 하나님의 선하심과 하나님의 의로움만 있다는 점이다. 따라서 '그리스도의 공로'는 그리스도의 사

---

12 "Merita Christi sunt spiritus et vita, sunt gratia et veritas"; 《루터 전집》(바이마르판) II, p. 427; Bring, *Dualismen hos Luther*, p. 182, cf. pp. 175 이하.

역과 같은 것을 의미한다. 칭의는 전적으로 하나님의 구속 사역의 열매이며, 인간이 참여할 수 있는 의로움은 하나님의 은혜에 완전히 의존한다.

만족과 관련해서는 루터가 이 단어 사용에 대해 매우 혹독하게 말했다는 점은 잘 알려져 있다. 그는 이 단어를 우리 학문이나 설교에서 사용하는 것을 금하고, 교황이 훔치기 전 원래 주인인 판사, 변호사, 교수형 집행자에게 돌려보내야 한다고 말했다.[13] 그럼에도 불구하고 루터가 그리스도의 사역에 대해 이 용어를 사용한다면, 그런 경우는 그가 공로라는 단어를 사용한 방식과 유사하다. 그는 하나님의 진노와 연결하여 만족에 대해 이야기했고, 우리는 이러한 연관성을 통해 그가 의미한 바를 이해할 수 있다. 하나님의 진노와 진노가 극복되는 방식에 관한 루터의 생각을 살펴보면, 거기에 신적 정의라는 법적 요구에 관한 만족 사상이 없음을 알 수 있다. 그리스도 안에서 진노와 저주를 이기신 것은 바로 하나님 자신, 곧 신적인 복이기 때문이다. 따라서 루터가 만족이라는 용어를 입에 담을 때는 인간에게 닥친 형벌을 감당할 만큼 하나님의 사랑이 강력함을 나타내기 위해서였다. 만족은 그저 하나님**께** 드려지기만 한 것이 아니라 하나님**께서** 이루신 것이다.

핵심은 루터가 이 두 용어, 곧 공로와 만족을 '폭군들'과의 싸움 및 그리스도의 승리와 직접적으로 관련시켜 사용했다는 점이다. 그리

---

13 《루터 전집》(바이마르판) XXXIV.i, pp. 301-2; Bring, *Dualismen bos Luther*, p. 176.

고 심지어 이 단어들까지도 이원론 체계에 통합시켰다. 그가 이렇게 할 때, 그의 머릿속에 두 가지 별개의 사상 흐름이 나란히 있었다고, 특히 서로 모순되는 두 사고가 병존하고 있었다고 가정할 이유는 전혀 없다. 루터의 가르침에 그리스도께서 폭군들을 이기셨다는 내용과 관련된 것 말고 다른 '만족' 개념이 들어 있음을 증명하려는 모든 시도는 절망적으로 실패할 수밖에 없다. 무엇보다도 루터의 신학에서 속죄 사역을 구속 내지 구원 사역과 상이한 것으로 구분하는 것은 불가능하다. 이를 시도하는 것은 라틴 이론을 기준 삼아 루터를 재 보는 것이다. 루터에게는 구원이 속죄고 속죄가 구원이므로 그러한 구별이 없다.

따라서 루터가 만족이라는 용어를 가끔 사용하는 것을 두고, 이 용어가 등장하는 구절들이 그의 속죄 교리라 할 만한 것을 제대로 보여 준다고 말하는 것만큼 부정확한 것도 없다. 루터가 만족을 언급하다가 그리스도의 싸움과 승리에 대한 언급으로 넘어가는 방식의 특징을 잘 보여 주는 예를 하나 살펴보자. 그는 믿음은 이것에 의존하며, 이것으로 이루어져 있다고 쓴다. 즉,

"우리가 굳게 믿는 바는, 하나님의 아들 그리스도께서 우리를 향해 서셨고, 우리의 모든 죄를 자기 목에 짊어지셨으며, 우리의 죄에 대한 영원한 만족이 되셨고, 우리를 위해 아버지 하나님께 속죄를 이루셨다는 것이다. 이를 믿는 사람은 이 성례(거룩한 성찬교제)에도 참여하며, 마귀나 지옥이나 죄도 그를 해치지 못한다. 왜 그러한가? 하나님이 그의 방패와 도움이

시기 때문이다. 따라서 내가 이렇게 믿는다면 나는 확실히 알게 된다. 마귀, 죽음, 지옥, 죄가 나를 해하려 한다 해도 하나님께서 나를 위해 싸우신다는 것을 말이다. 이것이 바로 그리스도 안에서 우리에게 주어진 헤아릴 수 없이 큰 보배다."[14]

그러나 이와 관련하여 놓쳐서는 안 될 점이 하나 더 있다. 전승된 루터의 텍스트가 항상 신뢰할 수 있는 것은 아니다. 특히 그리스도의 공로와 그의 만족에 대해 말하는 몇몇 구절에서 문제가 발견되었다. 브링은 이러한 구절들이 라틴 교리와 일치하도록 수정되었다는 점을 증명했다. 예컨대《갈라디아서 강해》에서 5:1에 관한 전승 텍스트는 다음과 같다. "그리스도께서 우리를 자유롭게 하신 것은 인간이나 폭군 권세의 속박으로부터 해방하신 것이 아니라, 하나님의 영원한 진노로부터 해방하신 것이다." 그러나 뢰러의 필사본은 다음과 같이 읽는다. "율법, 죄, 죽음, 마귀 권세, 하나님의 진노, 최후 심판으로부터의 해방이다."[15] 따라서 실제 본문은 폭군 권세와 하나님의 진노를 대조하는 것이 아니다. 루터는 다른 구절과 마찬가지로 이 구절에서도 하나님의 진노를 폭군 중 하나로 분류한다. 그리스도

---

14 《루터 전집》(바이마르판) X.iii, p. 49; Bring, *Dualismen hos Luther*, p. 186.
15 라틴어 원문은 다음과 같다. 전승 텍스트: "ea (libertas) est, qua Christus nos liberavit, non e servitute aliqua humana aut vi Tyrannorum, sed ira Dei aeterna."
　　뢰러의 필사본: "est libertas a lege, peccatis, morte, a potentia diaboli, ira Dei, extremo iudicio" (Bring, *Dualismen hos Luther*, pp. 180-82).

께서 우리를 그로부터 구출하시는 폭군 중 하나로 말이다. 이러한 텍스트 왜곡을 우연히 발생한 것으로 취급해서는 안 된다. 이런 왜곡은 루터의 동시대인들이 루터를 얼마나 이해하지 못했는지를 흥미롭게 드러낸다.

우리는 라틴 이론을 바탕으로 루터의 속죄 사상을 읽는 일반적인 해석이 완전히 잘못된 방식임을 충분히 보았다. 이러한 해석이 실제로 가능했던 이유는 루터가 용어에 실제로 부여한 의미가 아니라 용어 자체만을 바탕으로 논증했기 때문이며, 속죄에 관한 가르침을 그의 신학 전반과 별개로 고찰했기 때문이며, 고전 속죄 개념의 의미를 거의 인지하지 못한 상황이었기 때문이다. 속죄와 관련하여 라틴 교리 외에 다른 선택지는 하나뿐이라고 알려져 있는데, 그것은 이른바 주관적 견해였다. 루터의 속죄 사상은 완전히 '객관적'이며 대신 고난받으신다는 개념을 담고 있다. 이 명백한 사실은 그의 속죄론이 안셀무스의 속죄론과 동일 선상에 있음을 보여 주는 충분한 증거로 여겨졌다.

하지만 이것이 가장 오도된 것이다. 속죄에 관한 루터의 가르침은 나머지 가르침과 별개로 분리될 수 없다. 처음부터 끝까지 루터의 속죄 사상은 그리스도의 사역을 싸움과 승리로 보는 것과 관련된다. 그의 사유 구조는 라틴 속죄 교리를 그야말로 끼워 맞출 수 없는 구조다. 라틴 이론의 전제는 보속이라는 도덕주의 사상이지만, 루터는 이를 가증스럽게 여겼다. 라틴 교리는 법과 정의 개념을 수반한다. 법과 정의 개념은 라틴 속죄 교리에서 하나님과 인간의 관계를 특징짓는 표현이다. 그러나 루터는 이를 산산이 깨부수고, 하나님의 요구를 더 높은 차원으로 끌어올렸다. 따라서 그는 율법을 어떤 측면에서는 폭군으로 간주하고, 인간이 거기서 구출되어야 한다고 보았다. 라틴 이론의 구조는 처음부터 끝까지 합리적이다. 루터가 확신하는 것이 있다면, 그것은 그리스도 안에서 하나님의 속죄, 용서, 칭의 사역이 이성과 법에 반하는contra rationem et legem 특징을 담고 있다는 것이다. 루터의 관점에서 법과 이성은 서로 불가분하게 얽혀 있다. 이것들은 자연적 인간의 방식에 해당하지, 그리스도 안에 나타난 하나님의 방식에는 해당하지 않는다. 따라서 라틴 이론에 담긴 함의, 즉 인간 편에서 하나님께 드린 제물로 인해 속죄에서 하나님의 사역이 불연속적이라는 함의는 루터 사상의 최핵심—즉, 인간이 하나님께 갈 수 있는 길은 오직 하나님이 친히 사람이 되심으로써 마련하신 길뿐이며, 다른 길은 없다—과 근본적으로 대립한다.

　마지막으로, 앞서 보았듯이 루터의 가르침과 라틴 이론의 차이는 잠시 평행선을 달리는 것처럼 보였던 바로 그 지점에서 가장 분명하게 드러난다. 하나님의 사랑과 진노에 관한 루터의 언어는 하나님의 사랑과 정의에 관한 라틴 교리의 언어와 실제로 일치한다고 할 수 있다. 그러나 바로 이 지점에서 루터는 사고의 방향을 완전히 뒤집는다. 그는 이 난제에 대한 합리적 해결책을 꾀하기를 거부하고, 오히려 하나님의 사랑이 우리를 위한 자기봉헌의 길을 통해 하나님의 진노를 이긴다고 주장한다.

　따라서 루터는 앞선 이들보다 더 강력하게 고전 속죄 개념을 표현한 인물로 그리스도교 교리사에 두드러진다. 그는 라틴 이론이라는 곁가지에서 원가지로 몸을 돌려, 속죄 개념을 신약성경 및 교부들의 가르침과 직접적으로 연결했다. 이것이야말로 그의 주장이 진정한 의미의 가톨릭^{보편주의}으로 여겨질 수 있는 이유다. 그러나 그는 고독한 인물이다. 루터교의 교리는 루터의 가르침과 매우 다른 것이 되었다.

7

종교개혁 이후

1. 루터와 그의 후계자들

루터의 동시대인들도, 그의 계승자들도 루터의 속죄에 관한 가르침을 따르지 않았다. 당시 사람들이 그가 의미한 바를 이토록 이해하지 못한 다른 사례는 없을 것이다. 그들은 주저하지도, 지체하지도 않고 라틴 교리로 되돌아갔다. 왜냐하면 루터교 정통주의 시기 훨씬 이전부터 라틴 교리가 전통으로 굳어졌기 때문이다.

이 사실은 겉으로 보기에 매우 당혹스럽다. 루터는 고전 속죄 개념을 비길 데 없을 만큼 힘 있게 제시했고, 지극히 명료하게 표현했다. 이런 내용이 《노예의지에 관하여》*De servo arbitrio*처럼 접근성이 떨어지는 작품에 감추어져 있던 것도 아니다. 오히려 그의 모든 작품에 스며 있고, 특히 가장 대중적인 교리문답서나 찬송에 담겨 있다. 게 다가 이 속죄 개념은 종교개혁의 핵심 선언과 유기적으로 하나의 전체를 이루고 있었고, 루터의 권위도 막강했다. 따라서 속죄에 관한 고전적 가르침이 지속되었을 것으로 예상되나, 실제로는 그 반대 상황임이 명백하다.

분명 루터의 동시대인들은 이 주제에 관한 그의 가르침을 이해하지 못했고, 그의 더 깊은 사상을 파악하지 못했다. 처음부터 그들은 중세부터 이어져 내려온 전통적 신념에 비추어 루터를 해석했다. 그들은 루터와 스콜라 신학자를 가르는 간극을 보지 못했거나, 어느 정도 알았더라도 최선을 다해 이를 감추었다. 우리는 그의 텍스트에 수정이 가해졌다는 명확한 증거를 확인한 바 있다.

종교개혁 운동에서 루터와 가장 가까이 있었던 멜란히톤은 자기 고유의 총체적 관점을 가지고 신학을 다른 노선으로 이끌어 가려는 경향이 있었다. 그가 루터교 종교개혁에 엄청난 공헌을 했다는 점은 의심할 여지가 없다. 하지만 그가 루터의 신학을 재정립하는 과정에서 신학의 날을 무디게 하고 합리성에 맞추었다는 사실은, 지난 30년 동안 주로 스웨덴과 독일에서 수행된 새롭고 심도 있는 루터 연구를 통해 매우 분명하게 드러났다. 멜란히톤은 아리스토텔레스 철학을 다시 도입함으로써 자기 사유를 중세 스콜라주의와 일치시키는 결과를 가져왔다. 실제로 신학적 설명을 합리적이고 명쾌하게 하는 것이 늘 그의 주된 관심사였다. 루터 신학의 내적 긴장들, 루터 사상의 활력과 힘, 날카롭고 역설적인 언어들을 이해할 능력이 멜란히톤에게는 없었다. 형식신학 formal theology 의 관점에서 보더라도 그는 절충적인 사람이었다. 이러한 성향은 어디서나 나타나는데,《노예의 지에 관하여》에 대한 태도, 칭의 교리를 재진술한 방식, 무엇보다도 속죄 교리를 다룬 방식에 분명하게 나타난다. 이 문제는 이후 루터교 교리 발전에 결정적 영향을 미친 오지안더와의 논쟁에서 핵심 사안이 된다. 우리는 이 문제를 곧 다시 다룰 것이다. 그러나 1542년에 이미 멜란히톤은《신학총론》*Loci Praecipui Theologici*에서 스콜라주의 체계와 근본적으로 일치하는 속죄 교리 진술을 제시했다. 라틴 유형이 돌아온 것이다.

이러한 전선의 변화는 어떻게 설명될 수 있을까? 우리가 이미 언급했듯이, 루터가 라틴 교리 특유의 용어를 사용했다는 사실도 이를 어느 정도 설명해 줄 수 있을 것이다. 사실 그는 문제의 용어들에 새로운 의미를 부여하고, 그 용어들을 새로운 맥락에 두었다. 하지만 그 용어들을 사용했다는 사실 자체가 위험을 안고 있다. 다른 사람들이 그에게서 저 용어들을 가져오면서 새로운 연관성과 의미들을 놓칠 위험이 내재해 있는 것이다. 이 용어들에는 오랜 역사가 있고, 예부터 결부되어 온 함의들이 많다. 이런 함의들은 떨어져 나가지 않는다. 또한 속죄 교리가 대개는 논란이 되는 쟁점으로 여겨지지 않았다는 점도 기억해야 한다. 이 주제에 대한 루터의 가르침은 칭의에 대한 가르침이나 (부분적으로는) 교회에 대한 가르침처럼 직접적인 논쟁거리가 아니었고, 따라서 주목을 덜 받았다. 신학적 다툼이 항상 순전히 악하지만은 않다는 점을 주목할 만하다. 일부 논쟁이 낳은 공식이 진리에 대한 긍정적인 통찰을 상실하거나 잊지 않도록 보호하는 역할을 한 경우도 여러 번 있었다.

무엇보다도 그리스도교 사상사에서 루터가 진정한 거인으로 우뚝 서 있다는 점을 이해하는 것이 중요하다. 비교를 위해 칸트의 동시대인들과 후계자들이 칸트를 어떻게 평가했는지 이야기해 보자. 칸트의 가장 핵심적인 철학적 비판들이 칸트의 계승자를 자처한 사람들에 의해 심각하게 왜곡되었다는 것은 흔히 알려진 일이다. 칸트의 가르침이 담고 있는 철학적 혁명이 너무 물샐틈없고 전폭적이어서 즉시 완전하게 이해되고 받아들여지기 어려웠기 때문이다. 그러나 칸트와 루터의 비교가 온전히 가치를 발휘하려면 두 가지 단서를 덧붙여야 한다. 첫째, 칸트는 자기 생각을 가능한 한 정확하게 표현하려고 엄청나게 노력한 반면, 루터는 이 점에서 상당히 부주의하고 거칠었다. 둘째, 루터가 그리스도교 가르침의 영역에서 이루고자 했던 혁명은 칸트가 철학의 영역에서 했던 것보다 덜 철저한 게 아니라, 오히려 더 철저했다. 이러한 점을 고려하면, 루터의 가르침이 미래의 추종자들에게 상당히 오해받았다는 사실이 그리 놀랍지 않다는 점을 확인하는 데 도움이 될 것이다.

이제 루터에서 루터교 정통주의로 가는 길에서 주요 전환점이 된 오지안더와의 논쟁을 살펴볼 차례다. 이 논쟁은 주로 칭의와 관련 있지만, 그리스도교 교리의 핵심 영역 전체에 영향을 미친다. 그 결과 하나님의 의와 율법에 관한 어떤 견해가 권위 있게 확립되었고, 이는 라틴 전통의 계열에서 받아들여진 속죄 교리가 확고히 자리매김하게 했다.

한쪽에는 오지안더, 다른 쪽에는 멜란히톤과 뫼를린을 비롯한 이들 사이에 벌어진 칭의 논쟁의 비극은 양쪽 모두 루터에게 호소할 수 있었다는 점, 그러나 어느 쪽도 루터 사상의 폭을 온전히 파악하지 못했다는 점이다. 멜란히톤은 종교개혁의 핵심 사상인 하나님께서 죄인을 은혜롭게 받아들이셨다는 점을 성실히 옹호했다고 할 수 있다. 하지만 이 사상을 고스란히 보존하지는 못했고, 엄격한 법률 체계에 통합시키는 대가로 그 본래의 풍요로움을 상당 부분 상실했다. 그 결과 오직 은혜sola gratia라는 반도덕주의적 교리와 인간과 하나님의 관계에 대한 율법주의적 관점이 이상하게 결합하여 개신교 정통주의의 전형이 되었다.

뫼를린은 오지안더에 반대하며, 하나님의 의가 오로지 응보적이고 징벌적인 정의임을 강조했다. 이후 이 견해가 교리로 수용되었다. 이로써 하나님의 의의 의미에 관한 루터의 가르침은 시야에서 사라졌다. E. 히르쉬는 이 문제를 다음과 같이 정리한다. 하나님의 의가 응보적 정의와 동등하게 취급되면서 하나님 이해에서 지배적인 개념이 되었고, 그래서 '율법주의'가 복음을 덮게 된다. "루터 이전의 신적 의 개념이 **선호되면서 안셀무스-멜란히톤 체계로 들어와서** 개신교의 원래 하나님 개념을 왜곡했다."[1]

그 결과 율법은 이제 인간과 하나님 관계의 본질적 기반으로 여겨지게 되었다. 브룬너의 문구를 다시 빌리자면, 율법은 영적 세계의

---

1   Emanuel Hirsch, *Die Theologie des Andreas Osiander*, p. 246.

화강암 같은 토대로 수용되었다. 루터의 기본 생각, 즉 율법이 한 측면에서는 폭군이자 적이기에 그리스도께서 율법의 권세에서 인간을 해방하려고 오셨다는 생각은 완전히 사라졌다. 이제 모든 것을 해석하는 데 필요한 틀을, 심지어 그리스도를 통한 하나님의 구원을 해석하는 데 필요한 틀을 율법이 제공한다. 뫼를린은 "하나님의 율법에 대한 완전한 순종, 또는 율법의 완전한 성취가 구원에 필요하다"[2]라고 매우 분명하게 말한다. 하나님은 주로 죄를 처벌하시는 심판자로 간주된다. 이는 그리스도의 사역을 해석하기 위한 맥락을 제공한다. 즉, 그리스도는 우리를 대신하여 보복적 정의가 요구하는 순종을 하나님께 바치셨다. 영원한 생명에 참여하는 것은 우리에게 전가된 그리스도의 의에 대한 보상으로 여겨진다.

플라키우스도 비슷한 논조로 말한다. 그는 그리스도의 순종이 우리에게 전가되는 것을 그리스도와 인간 두 당사자의 요청으로 하나님께서 이전해 주신 것이라고 설명한다. 따라서 그는 죄 용서가 '무료로'gratis 주어진 것이 아니라 '간청하여'precario 주어진 것이라고 말하기를 선호한다. 그는 전자가 오직 부분적으로만 사실이고, 후자가 엄밀하고 정확하다고 본다.

이러한 시야의 축소, 혹은 더 정확히는 전선의 완전한 변화를 보여주는 또 하나의 예는 '하나님에 대한 자연적 지식'을 강조하는 데서 볼 수 있다. 뫼를린은 하나님의 의에 대한 자신의 견해를 정당화하기

---

2   "Oboedientia legis perfecta seu impletio legis est ad salutem necessaria."

위해, **자연신학을 따르더라도** 응보적 정의가 하나님의 주요 속성으로 두드러진다고 주장한다. 이러한 명제는 이 교리가 루터의 교리와 본질적으로 반대된다는 점을 대번에 보여 준다. 뫼를린은 여기서 멜란히톤의 권위에 호소할 수 있다. 멜란히톤은 자연의 빛$^{lumen\ naturae}$에 대한 설명에서, 하나님의 율법이 한편으로는 인간 이성에 주신 진리이고, 다른 한편으로는 신적 의지의 최고 규범이라고 주장한다. 따라서 응보적 정의는 이러한 율법관의 본질적 요소가 된다. 개신교 정통주의의 '합리적 율법주의'의 진정한 아버지는 멜란히톤이라고 말한 히르쉬의 평가는 부당하지 않다.

2. 개신교 정통주의의 속죄 교리

이와 같이 전형적인 라틴 속죄관은 개신교 신학에서 이를 속죄 이론으로 정식화하기 훨씬 이전부터 다시 돌아와서 개신교 신학을 지배했다. 이제 이 주제에 관한 개신교 정통주의 가르침의 주요 특징을 간략히 설명하고, 그리스도교 교리사에서 그것이 차지하는 위치를 규명하고자 한다. 이 작업은 비교적 쉽게 할 수 있는데, 왜냐하면 정통주의의 속죄론이 상당히 일정하기 때문이다. 안셀무스 이후의 중세 교리보다도 훨씬 일정하다.

루터교 정통주의의 속죄 교리가 단순히 안셀무스의 교리와 동일하지는 않다. 그러나 그 차이를 과장해서는 안 되며, 그 차이도 라틴 유형의 본질에서 전혀 벗어나지 않는다. 특이한 점은 중세의 속죄 교리가 약간 수정된 형태로 남아 있지만, 그것의 원래 기반이었던 참회 제도와 보속 개념은 완전히 사라졌다는 것이다.

이 교리가 안셀무스 교리와 광범위하게 유사한 까닭은 주로 만족 개념이 전체 구상을 지배한다는 사실에서 비롯된다. 만족을 합리적 관점에서 볼 때 필연적인 것으로, 또한 속죄가 이루어질 수 있는 유일한 방법으로 여긴다. 따라서 개신교 정통주의가 중세의 일반적 가르침보다 더 긴밀하게 안셀무스를 따른다. 문제를 제기하는 방식도 동일하고, 만족의 지불이 해이를 묵과하는 것에 대한 유일한 대안이라는 주장도 반복한다. 용서하면서 정의의 요구를 위반하는 사랑이든, 아니면 만족이든, 둘 중 하나가 있을 뿐 다른 대안은 생각해 볼 수 없다는 것이다.

개신교 교리가 안셀무스 교리와 갈라지는 부분을 흔히 다음과 같은 점에서 주로 찾는다. 개신교 교리는 그리스도께서 이루신 만족을 형벌을 감당하심으로도 본다. 인간의 죄는 형벌받아 마땅했고, 형벌은 정의의 굽힐 수 없는 요구이므로, 그리스도께서 인간 대신 형벌을 감당하신 것이다. 그러나 앞 장에서 살펴본 바와 같이, 이러한 발상은 본래 라틴 교리에 속한 것이며, 중세 후기에 매우 빈번하게 나오고, 안셀무스에게서도 찾아볼 수 있다. 오히려 더 중요한 차이는 다음과 같다. 개신교 교리에서 만족은 그리스도의 죽음으로만 이루어진 게 아니라, 그리스도의 전 생애를 통해 하나님의 율법을 온전히 성취하신 것—즉, 그리스도의 능동적 순종 oboedientia activa —으로 이루어진다. 이것이야말로 진정으로 이전 교리의 발전이라 할 수 있다. 중요한 내용이 더해진 것이다. 이제 그리스도의 전 생애가 하나님의 정의의 만족에 유용하다고 여겨진다. 그러나 이러한 발전도 라틴 개념의 본질을 포기한 것은 아니다. 오히려 라틴 개념이 그 어느 때보다 철저하게 논리적 결론에 도달했다고 할 수 있을 것이다.

이제 라틴 교리의 법적 구조는 안셀무스가 만들었던 것보다 더 지배적인 위치에 있게 되었다. 이제 하나님의 응보적 정의가 그리스도의 죽음으로 만족되어야 할 뿐만 아니라, 하나님의 입법적 정의justitia legislativa를 대표하는 율법도 만족되어야 한다. 인간이 하나님의 모든 계명을 이행하지 않으면 속죄도 있을 수 없다. 따라서 이중적 필연성이 생긴다. 그리스도께서는 능동적 순종으로 하나님의 율법을 빈틈없이 이행하셔야 하며, 인간이 율법을 어긴 것에 대해 정의가 요구하는 벌을 자신의 죽음으로 치르셔야 한다.

그렇다면 일반적인 라틴 속죄 교리가 엄격한 법적 도식으로 전부 파악된다는 게 사실이라면, 이 속죄 교리의 개신교 형태에서는 두 배로 사실이다. 법적인 개념이 관철되는 철저한 논리적 일관성은 이 교리에 불후의 성격을 부여한다. 견고하고 엄격한 양식으로 지어져서 수 세기의 폭풍을 견딜 수 있는 거대한 건물과도 같은 인상을 준다.

이 교리의 근간에 있는 하나님 개념은 무엇보다도 율법을 부과하고 만족을 요구하는 정의의 하나님이다. 이러한 한계 안에서만 하나님의 사랑이 작용할 수 있다. 하나님의 사랑이 정의의 요구를 침해하지 않도록 경계해야 할 것만 같은 의심의 눈초리가 하나님 사랑 개념에 암시되어 있다. 이 개념의 전체적인 모티프는 율법이다. 이 신학이 항상 만족의 합리적 필연성에 관한 '성경적 증거'를 구약에서 찾고 싶어 한다는 점, 그리고 신약의 여러 본문이 명백한 어려움을 유발한다는 점은 의미심장하다. 그리스도께서 대신 순종하시고 대신 형벌받으심으로써 주어진 만족은 정죄와 무분별한 용서 사이에서 논리적인 절충이며, 사랑이 해이로 변질되지 않도록 보장한다. 라틴 교리의 개신교 형태를 전형적으로 보여 주는 단어인 '배상'은 하나님의 자비가 자유롭게 행동하기 위해 하나님의 정의가 반드시 요구하는 바를 정확히 표현한다. 그래서 하나님의 정의와 자비의 대립이 화해되고, 하나님께서 용서하실 수 있는 것이다.

인간을 의롭게 하시는 하나님의 행위가 정의의 행위로 간주되는 만큼이나 자비의 행위로도 간주된다는 것은 당연히 사실이다. 하나님의 은혜gratia는 다른 이가 제공한 만족을 기꺼이 받아들이시고 그것을 죄인에게 기꺼이 전가하시는 데에서 드러난다. 이러한 점에서 법적 개념이 극한까지 밀어붙여지지는 않는다―그러나 지나가는 말로 언급하자면, 19세기 신학자 필리피는 이 개념을 극한까지 밀어붙였는데, 그는 그리스도의 만족을 통해 하나님께서 우리의 잘못에 대한 충분한 배상을 받으셨으므로, "우리는 하나님의 정의에 따라 영구한 생명을 요구하는 것까지도 할 수 있다"[3]고 가르쳤다. 여전히 하나님의 용서하시는 자비 행위조차도 법과 정의라는 경계를 벗어

---

3   F. A. Philippi, *Christliche Glaubenslehre*, IV.2, p. 38.

나지 않는다. 루터의 '율법에 반하여'contra legem 만큼 18세기 정통주의의 입맛에 맞지 않는 것도 없었다. 이 신학 전체가 하나님이 베푸시는 용서에 비합리적인 것이 없고, 엄격한 정의에 반하는 것이 없음을 보여 주고자 하는 구조로 되어 있다. 안셀무스의 "이보다 더 합리적인 것은 없다"가 여전히 전체 교리의 대표적 특징이었다.

동시에, 속죄에서 하나님의 사역은 신약성경과 교부들과 루터의 사상처럼 연속적인 실선이 아니라, 안셀무스 사상처럼 끊어진 파선으로 표현되는 것이 어울린다. 왜냐하면 그리스도께서 사람으로서, 사람 편에서, 사람을 대신하여 배상을 지불하셨기 때문이다. 물론 하나님이 단순히 속죄 사역의 수취인으로만 표현된다거나, 속죄 사역의 수취로 인해 하나님의 태도가 변했다고 말한다면 공정하지 않을 것이다. 왜냐하면 안셀무스도 그랬던 것처럼, 속죄 사역은 하나님의 뜻에서 기원한 것으로 여겨졌고, 하나님의 정의뿐만 아니라 하나님의 자비에서도 비롯되었다고 자주 언급되었기 때문이다. 그럼에도 속죄에서 신적 활동은 인간 편에서, 아래에서 지불된 배상으로 인해 여전히 불연속적이다.

루터교 신학자들은 실제로 그리스도의 '두 본성'에 의해 만족이 이루어졌다고 주장했고, 이것을 그들 교리와 '교황주의자들' 교리의 차이점으로 꼽았다. 그러나 이는 사실 언어의 차이, 신학적 세련미에 불과했다. 칼뱅주의자들과 대립하며 정교해진 속성의 교류communicatio idiomatum 교리는 구속 사역에서 두 본성의 협력이 필요함을 주장한다. 하지만 실제 중세 교리와의 차이는 단지 언어적 차이에 불과했는데,

왜냐하면 그리스도의 신성은 위격적 연합을 통해 인성과 협력하며 '행위자'로서 인성이 수행한 사역에 무한한 가치를 부여한다고 여겨졌기 때문이다. 따라서 사실상 이 질문에 대한 오랜 답이 여전히 제시된 것이고, 성육신과 속죄 사이의 유기적 연결이 똑같이 부족하다는 점도 여전하며, 이는 늘 라틴 교리의 전형적인 특징이었다.

이처럼 개신교 정통주의의 속죄 교리는 두말할 것 없이 라틴 유형에 속하며, 라틴 유형 중에서 가장 명확하고 논리적인 표현을 형성한다. 이 기간에 고전 속죄 개념은 신학 영역에서 완전히 억눌려 있었다. 비록 그 개념에 적절히 속하는 문구와 이미지는 여전히 간혹 나타났지만, 단지 회상에 불과했으며 신학적 결과에는 전혀 영향을 미치지 못했다. 일반적으로 이 시기의 설교가 수용된 교리를 반영했다는 점은 널리 알려져 있다. 이는 중세 시대에 비해서 설교자들이 지배적인 신학에 훨씬 더 영향을 받았고, 전례의 영향을 덜 받았기 때문이다. 그러나 찬송의 경우는 상황이 약간 다르다. 수난 찬송은 지배 신학의 흔적을 당연히 담고 있으면서도, 동시에 중세 시대의 전형이었던 그리스도의 수난에 대한 경건심의 영향이 초기 찬송에서부터 발견된다. 종교개혁의 경건 문학이 대부분 중세 전통에 기반하고 있었기 때문에 이는 자연스러운 일이다. 우리는 여기서 이미 언급했던 중세 후기와 개신교 정통주의 시대 사이의 흥미로운 유사성을 발견한다. 두 경우 모두 합리성에 맞춘 신학에 대한 반발심으로 감정적 경건을 찾게 되었는데, 이는 부분적으로는 신학을 보완하고, 부분적으로는 신학과 대조된다. 경건주의자들은 이러한 수난에 대한 경건심을 열심히 받아들였다.

반면 부활절 찬송은 여전히 고전 개념을 반영하고 있었다. 예를 들어, 17세기 스웨덴 교회의 찬송가에서는 부활 찬송이 여전히 신적 싸움과 승리의 선율을 들려준다. 부활절기는 고전 속죄 개념을 지키는 난공불락의 요새가 아닌 적이 없었다.

3. '주관적' 또는 인간 중심적 교리의 도래

속죄 교리는 정통주의 개신교의 보호막으로 여겨지게 되었고, 이러한 관점에서 볼 때 성경의 축자 영감 교리 외에는 견줄 만한 것이 없을 만큼 중요한 위치를 차지했다. 속죄 교리는 당시 정통주의의 풍조를 전형적으로, 대표적으로 구현한 것으로 평가되었다. 이는 속죄에 관한 탁월한 '교회 교리'로 여겨졌다. 마치 이것만이 모든 시대의 정통 그리스도교인들이 가르쳐 온 유일한 교리인 것처럼 말이다.

따라서 정통주의 신학에 대한 계몽주의의 공격은 속죄 교리에 집중되었다. 이 교리는 맹렬한 신학적 비판 대상이었다. 이는 부분적으로는 3세기 전의 유명론자들의 비판과 유사했지만, 차이점은 계몽주의 신학자들은 이 교리가 누렸던 교회의 권위를 전혀 존중하지 않았다는 것이다. 18세기를 거치면서 속죄 교리는 이러한 공격으로 인해 다소 무너졌지만, 19세기에 들어서면서 어느 정도 부흥을 누렸다. 비록 신학계에서 주도권을 회복하지는 못했지만, 논쟁이 지속되며 여러 중재적 이론을 낳을 만큼은 회복되었다.

속죄 교리의 쇠퇴는 사실 경건주의에서 시작된다. 물론 이 교리를 의식적으로 반대한 것은 더 과격한 형태의 경건주의뿐이지만, 주관주의적 방향으로 가는 움직임이 경건주의에서 처음으로 확실하게 나타났기 때문이다. 경건주의 저술가들은 대개 정통주의 교리의 법적 언어보다 영혼의 의사 그리스도와 같은 이미지를 선호하는 경향을 보인다. 때로는 슈페너의 글에서처럼 옛 고전적 유형의 이미지를 다시 보게 되기도 한다. 이 마지막 특징은 아마도 경건주의자들이 의도적으로 구약보다는 신약을 사용했다는 점으로 설명될 수 있을 것이다. 이는 법적 속죄 교리의 우위를 약화할 수밖에 없었다. 그러나 무엇보다도 미래의 시점에서 돌이켜 볼 때 가장 중요한 점은 경건주의의 모토가 칭의보다는 거듭남(Wiedergeburt)이었다는 것이다―즉, 그들이 선택한 언어는 주관적인 과정을 기술하는 언어였다.

그러나 계몽주의 신학자들에게는 '정통주의' 속죄 교리에 반대하는 논쟁이 주요 관심사가 되었다. 라틴 이론에 대한 비판은 아벨라르두스로부터 시작되었고, 비판이 완전히 사라진 적은 없었으며, 이제 상황을 지배하게 되었다. 정통주의 이론의 모든 기반에 도전이 가해졌다. 속죄에 관한 기존의 '사법적' 접근을 대체하고자 '더 인간적인' 개념이 제안되었다. 죄 개념은 상대화되었고, 죄는 불완전한 상태라고 여겨졌다. 응보적 형벌 교리는 일축되었는데, 형벌은 개선을 가져오는 것이어야 하기 때문이다. 무엇보다도 이 신학자들은 하나님 개념에서 '신인동형론적' 특성과 '유대교의 잔재'를 뿌리 뽑고자 했다. 정통주의 속죄 교리의 이면에 있는 하나님 개념은 예수님의 '단순한 가르침'과도, 하늘 아버지의 사랑과도 비일관적이었다. 따라서 만족을 바침으로써 하나님을 '달래야' 한다는 생각은 용납될 수 없었다. 예수님의 죽음을 이런 식으로 해석하는 것은 옳지 않다는 것이다―계몽주의 신학자들은 이 지점까지는 모두 일치한다. 그러나 예수님의 죽음을 이해하는 방식은 다양했다. 이를테면 예수님의 죽음을 그의 가르침에 대한 확인 도장으로, 우주의 도덕적 질서를 입증하는 것으로, 숭고한 모범으로, 하나님께서 기꺼이 화해하고자 하시는 것을 상징적으로 보여 준 것으로 이해했다. 오직 이런 의미에서만 그리스도의 사역이 속죄와 올바르게 연결될 수 있다.

세상에 대한 하나님의 태도가 언제나 변함없이 박애와 선의여야 한다는 것이 계몽주의의 공리였다. 이러한 언어가 사랑이라는 단어보다 선호되었다. 따라서 하나님과 관련해서는 속죄가 필요하지 않았다. 그래서 이렇게 하나님의 변함없는 선의를 강조하면서, 한편으로 인간 편에서 하나님께 어떤 영향을 미친다는 발상이 나란히 등장한 것은 조금 놀랍다. 인간이 회개하고 삶을 개선하면, 하나님은 이에 응답하여 더 큰 행복으로 인간의 개선에 대해 보상해 주신다. 그러므로 지배적 사상은 본질적으로 인간 중심적이고 도덕주의적이다.

결과적으로 정통주의 신학자들이 결국 옳았던 것으로 보일 수도 있다. 그들은 항상 하나님의 정의에 대한 만족이 아니면 남아 있는 유일한 선택지는 해이를 가져오는 사랑이라고 말했다. 이제 정통주의 만족 교리를 거부하는 것이 실상은 죄 개념을 약화하고 하나님의 뜻과 악한 것 사이의 근본 대립을 느슨하게 한다는 점이 분명해졌다. 그렇다면 우리 입장에서 정통주의의 양자택일 논법이 타당하지 않다고 거부한다면, 이는 우리가 정통주의 개신교와 계몽주의가 모두 간과했던 또 다른 속죄 개념, 즉 고전 개념을 식별하는 법을 배웠기 때문일 것이다.

4. 19세기

19세기는 속죄에 관한 '주관적' 견해와 '객관적' 견해 사이의 지속적 갈등으로 특징지어진다. 후자는 계몽주의의 공격에도 살아 남아서 더욱 강력한 저항을 위한 힘을 모으는 데 성공했다. 하지만 주도권은 다른 쪽에 있었다. 슐라이어마허 이후로 계몽주의 신학은 단순히 재생산되지 않았다. 피상적이라는 비판을 받고 심화하려는 노력이 있었다. 그러나 이 신학자들은 자신들이 생각했던 것보다 계몽주의와 더 밀접한 연속성을 보였다. 슐라이어마허도 마찬가지였다. 그들의 신학 전반이 그렇듯이 그들의 속죄에 관한 가르침도 인간 중심적이고 신인동형론적 관점을 담고 있다.

슐라이어마허에게 있어 가장 먼저 우리의 시선을 사로잡는 특징은 Erlösung과 Versöhnung을, 곧 구원과 속죄를 구분한 것이다. 구원이 우선적인 위치를 차지하며, 구원은 개인이 하나님에 대한 감각이 강해짐에 따라 이루어진다. 속죄, 곧 화해는 하나님에 대한 의식이 깊어질 때 따라오는 축복에 대한 감각이다. 이러한 구분은 19세기 신학에서 특히 중요했고, 인간 중심적인 관점을 잘 보여 준다. 슐라이어마허는 영혼이 하나님에 대한 의식이 깊어짐에 따라 영적 삶에서 일어나는 변화가 속죄라고 불리는 것의 진정한 의미라고 매우 분명하게 말한다.

구원과 속죄라는 두 개념이 배열된 순서에 주목하면 특히 흥미롭다. 고전 속죄 개념이 지배적인 곳에서는 이 둘이 일치한다. 초기 교회와 루터의 신학에서는 구원이 속죄고, 속죄가 구원이다. 그러나 라틴 교리에서는 상황이 다르다. 속죄는 구원에 선행하는 것으로 다루어지며, 이후의 구원 과정을 가능하게 하는 사전 단계로 여겨진다. 그러나 슐라이어마허는 순서를 뒤집는다. 구원(영적 삶의 변화)이 먼저 오고, 속죄(화해)는 구원의 완성으로 뒤따라온다.

이러한 비교가 오해의 소지가 있다는 반론이 제기될 수도 있다. 왜냐하면 문제의 용어들이 서로 다른 의미로 사용되고 있기 때문이다. 그렇더라도 이 비교는 가치가 있다. 이는 용어의 의미 변화가 순서의 변화에 직접적으로 따라 나온다는 점을 보여 준다. 슐라이어마허는 인간 중심적 관점을 가지고 구원을 주로 Lebenserhöhung^{삶의 고양}으로, 즉 도덕적 향상으로 해석한다. 속죄 내지 화해는 본질적으로 우주 속에서 내 집 같은 편안함을 느끼는 것이다. 이는 영혼의 향상이나 새로운 삶의 태도를 통해 얻은 것이며, 그 특징은 우주와의 조화다. 인간은 모든 것이 하나님께 의존하고 있음을 이해하게 되고, 따라서 사물의 조화를 방해하는 것으로 보이는 것도 단지 현상적으로만 그럴 뿐임을 깨닫는다. 이런 의미에서 '속죄'는 인간이 자기 상황 및 환경과 화해하는 것을 뜻한다고 볼 수 있다. 어쨌든 이 개념 전체의 주관성은 명백하다.

이러한 도식에서 그리스도와 그리스도의 사역이 차지하는 위치는 나머지 부분과 일치한다. 그리스도를 고려할 때도 인간 중심적 태도는 달라지지 않는다. 그리스도는 인간의 하나님 의식을 강화하는 쪽으로 작용하는 영향력의 출발점으로 여겨진다. 그 이유는 그리스도가 종교적 이상의 체현으로, 하나님에 대한 절대적으로 완전하고 복된 의식을 지닌 본보기 인간이기 때문이다. 그러나 우리의 목적상 슐라이어마허가 라틴 속죄 교리와 초기 형태의 가르침들에 대해 변증법적으로 흥미롭게 논한 것을 더 자세히 살펴볼 필요는 없다. 하나님은 인간의 '절대 의존' 감각을 궁극적으로 허용하신다는 점을 제외하면, 인간의 화해 과정에 직접적으로 관여하지 않는 분으로 여겨진다. 모든 것이 보편적 인과율에 지배되는 상황에서는 하나님과 인간 사이의 멀어짐alienation을 제거한다는 의미에서의 속죄가 들어설 여지가 없다. 그러한 멀어짐이 존재한다고 생각될 수 없는데, 왜냐하면 악을 향해 있었던 하나님 사랑의 적극적 적대성이 사라졌고, 일원론이 이원론적 관점을 밀어냈기 때문이다. 이러한 견해가 하나님과 그리스도와 그리스도의 사역의 관계를 설명하는 데 사용될 때 다음과 같은 생각이 우세해진다. 그리스도가 인류의 머리로 여겨진다는 생각, 하나님께서 인류를 바라보는 태도는 하나님이 그리스도로부터 발산되는 빛에 비추어 인류를 보신다는 사실에 영향을 받는다는 생각이다.

리츨은 그의 대작《칭의와 속죄》에서 본질적으로 동일한 사고 흐름을 유지한다. 이 학파의 모든 저술가와 마찬가지로, 리츨도 '사법적' 속죄 교리를 강하게 비판하지만, 고전 개념의 중요성은 보지 못하고 있고, 고전 개념을 논할 일이 있을 때마다 그 이미지를 즉시 일축한다. 그의 책 제목은 슐라이어마허보다 종교개혁을 더 공정히 다루려는 열망을 보여 준다. 책 제목에서 "칭의"는 슐라이어마허의 '구원'을 대체한다. 그럼에도 사고의 흐름은 매우 유사하다. 리츨의 핵심은 인간이 하나님의 성품을 오해한 데서 비롯된 하나님에 대한 불신을 버리는 것이다. 이 불신은 그리스도께서 죽음에 이르도록 자기 소명에 신실하셨던 모습을 통해 사라진다. 그리고 이러한 인간의 신실함은 신적 사랑의 계시다. 슐라이어마허와 마찬가지로 속죄는 인간이 하나님과 맺은 새로운 관계의 결과로 뒤따라 나오는데, 주로 세상과의 새로운 관계를 의미한다. 이 새로운 관계의 특징은 Selbst-behauptung, 즉 자기실현과 세계 지배다. 여기에서도 이 사상의 인간 중심적 성격이 분명하게 드러난다.

이 일반적 유형에 속하는 가장 최근의 중요한 저작은 고故 래시덜 박사의《그리스도교 신학에서 속죄 개념》이다. 그 역시 속죄에 대한 '객관적' 견해와 '주관적' 견해를 구분하여 논의를 전개한다. 여기서 전자는 라틴 교리 노선을 따르는 이론을 의미하고, '주관적' 견해는 아벨라르두스에게서 유래한 것으로 본다. 래시덜은 이 주제에 관한 설명에서 아벨라르두스에게 과하게 큰 비중을 둔다. 아벨라르두스의 이론이 "초기 교회 전통과 완전히 조화를 이룬다"(p. 443)고 설명한 것도 뜻밖이다. 아벨라르두스의 사상은 다음과 같이 요약된다. "아벨라르두스가 볼 때, 하나님은 죄인을 더 나은 존재로 만드셔서 형벌에 대한 요구를 제거하심으로써만 용서하실 수 있는 분으로 여겨진다"(p. 359).

래시덜은 우리가 논한 독일 저자들보다 성육신에 더 큰 비중을 두는 훌륭한 잉글랜드 전통을 따랐다는 점에서, 유사한 경향이 있는 대륙 신학자들과 비교해 볼 때 더 긍정적으로 평가될 수 있다. 그럼에도 불구하고 그가 그리스도교의 성육신 개념을 적절하게 표현했다고 할 수는 없다. 그는 다른 이상주의적인 작가들처럼, 최고의 인간이 신으로 점차 변하게 하여 신과 인간의 구분을 모호하게 한다. 그리스도가 하나님을 계시하시는 것은 그가 이상적인 인간성을 드러내기 때문이다(cf. pp. 447 이하). 그러나 특히 중요한 점은 래시덜이 구원의 문제를 슐라이어마허만큼이나 윤리적 관점에서 다루고 있다는 것이다. 다음과 같은 문구들이 이를 잘 보여 준다. "그리스도의 죽음은 우리 마음속에 자선을 불러일으키므로 우리를 의롭게 한다"(p. 438). "그리스도의 죽음의 효력은 그것이 만들어 내는 도덕적 효과에 있다"(p. 443). 그리스도는 우리가 "하나님을 아버지로 생각하도록" 가르치셨는데 "이 아버지는 사람들이 회개한다면 회개에 비례하여 죄를 용서하실 것이다"(p. 461). "탕자의 비유와 바리새인과 세리의 비유에서, 우리는 이 근본 사상의 가장 완전한 표현을 발견한다―즉, 하나님은 진정으로 회개하는 자들을 자유롭게, 진정한 회개 말고는 다른 조건 없이 용서하신다"(p. 26).

이러한 설명의 약점은 하나님의 용서가 인간의 삶에 미치는 윤리적 효과를 언급한 데 있지 않다. 이는 오히려 강점이다. 약점은 하나님의 용서와 속죄 사역이 인간의 삶의 윤리적 효과에 **좌우된다**는 것이다. 그 결과 하나님의 사랑이 자유롭고 자발적인 사랑으로 명확하게 제시되지 않는다. 인간이 가치 있고 선하기에 하나님의 사랑을 불러일으키는 게 아니라, 하나님께서 인간을 사랑하신다는 사실이 바로 인간에게 가치를 부여한다고 보는 관점에서는 항상 하나님의 용서 사역이 윤리적 중생보다 선행하는 것으로 나타난다. 이러한 용서는 인간의 회개나 인간 편에서의 다른 어떤 조건에 의존하지도, 비례하지도 않는다. 이러한 하나님 사랑의 우선성은 고전 속죄 개념, 즉 속죄를 하나님 고유의 사역으로 보는 개념의 밑바탕이다.

이제 19세기에 대체로 격렬하게 대립했던 라틴 견해와 인간 중심적 견해를 절충함으로써 중재를 시도한 한 가지 사례를 제시하겠다. 이는 스웨덴 대주교 에크만의 논문에서 가져온 것으로, 발표 당시(1906) 많은 주목을 받았다. 이는 인간 중심적 사고 습관이 얼마나 깊숙이 자리 잡았는지 보여 준다. 심지어 교회의 가르침으로 여겨졌던 라틴 속죄 이론을 붙들려 했던 사람들에게도 그런 사고 습관이 깊이 자리 잡고 있음을 보여 준다. 대주교의 핵심 사상은 "속죄를 실현하는 것은 그저 인간의 회심"이라는 것이다. 그래서 "인간이 자기 죄를 고백하고 용서를 구하고, 자기 죄로 인해 고통받아 마땅함을 인정하고, 하나님의 뜻을 행하는 데 진지하게 전념할 때, 하나님은 그 사람에 대한 불쾌감을 거두시고 심판의 선고를 번복하신다." 이러한 사고의 흐름은 다음과 같이 이어진다. 인류의 회심이 인류의 속죄이고, 그러한 회심은 예수 그리스도 안에서 대표적으로 일어났다. 그는 "참 사람"이며, "인류의 머리로서 앞에 나서시고, 인간의 입장을 변호하신다." 이는 하나님의 태도에 영향을 미친다.

"보편적으로 멸시받는 한 민족을 상상해 보자. 또한 그 안에는 그 민족에게 강력한 영향력을 행사하는 고귀한 영웅이 있다고 상상해 보자. 그러면 이 민족에 대해 생각할 때, 우리 마음이 화해된다. 그 영웅에게서 화해의 빛이 민족 전체로 발산된다. … 마찬가지로 하나님은 인류 가운데서 예수 그리스도를 보신다. 하나님은 인류 전체로 퍼져 나가는 한 인간의 광채를 보신다. 하나님은 사람들 사이에 진리, 정결함, 의로움의 빛줄기가 퍼져 나감을 보신다. 하나님은 인류의 몸에서 새로운 심장을 보시고, 그 심장이 강한 맥박으로 몸의 혈관을 통해 새로운 생명을 퍼뜨리는 것을 보신다. … 그래서 하나님은 인류 전체를 불쾌해하지 않으시고, 더 이상 인류에 절망하지 않으신다. 하나님은 자신을 인류와 화해시키신다."

여기서 의미심장한 점이 있다. '객관적' 속죄 교리에서 본질적인 것을 보존하고자 쓴 이 마지막 구절이 하나님이 친히 이루신 속죄라는 개념을 눈곱만큼도 담고 있지 않다는 점이다. 인간이 하나님께 다가간다는 것은 철저히 '아래로부터' 다가가는 것이다. '참 사람'이신 그리스도는 하나님이 인류에 대해 생각하시는 바와 인류와 맺으시는 관계에 영향을 미친다고 사료될 수 있다. 하나님은 인류를 비추는 '한 인간의 빛'을 보시고 그로 인해 인류와 자신을 화해시키신 다고 사료될 수 있다.

속죄 교리의 세 가지 주요 유형 중 세 번째 유형에 대한 스케치가 다른 두 유형보다 독자에게 덜 명확하다는 인상을 남겼다면, 이는 단지 설명이 짧았기 때문만은 아니다. 이 유형 자체에 명확한 윤곽이 없기 때문이다. 이러한 불명확성은 이 유형에 흔히 붙여진 이름 ─즉, '주관적' 교리라는 이름─에도 반영되어 있다. 물론 이 단어를 너무 강조한 나머지, 이 가르침이 하나님을 전혀 고려하지 않고 진정한 속죄 개념을 무의미하게 만드는 것처럼 들린다면 터무니없는 소리다. 하지만 이 관점에서 강조점이 하나님이나 그리스도께서 인간을 위해 행하신다고 할 만한 일에서 인간이 인간 안에서 한 일로 옮겨진 것은 사실이다.

이 세 번째 유형을 이해하기 위해서는, 라틴 유형에 반대하면서 그 성격이 결정되었다는 점을 보는 것이 중요하다. 이 관점은 특히 하나님이 어떤 의미로든 화해되실 필요가 있다거나 인간에 대한 하나님의 태도가 바뀌어야 한다는 생각에 대해 비판한다. 그러한 주장은 하나님의 사랑과 비일관적이라는 것이다. 따라서 하나님의 자비와 정의 사이에 어떤 긴장이나 대립도 부정되면서 하나님의 사랑이 유지된다. 그렇다면 그리스도교 신앙의 가장 깊은 요소를 보존하도록 하나님의 사랑이 제시되고 있는 것인가, 아니면 지나치게 단순화하여 본질적인 무언가를 잃는 것인가 하는 문제가 있다. 우리는 이 문제를 다음 장에서 다룰 것이다. 다만 여기서는 하나만 덧붙일 것이다. '주관적' 견해는 하나님을 달래거나 인간을 향한 하나님의 태도를 바꾸기 위해 하나님께 어떤 영향력도 행사할 수 없음을 보여주려고 노력한다. 그러나 동시에, 라틴 견해보다 더하다 할 만큼 인간의 편에서 하나님께 그런 영향을 미치는 것을 상정하고 있다. 왜냐하면 '속죄'가 이루어지는 정도는 인간 안에서, 인간에 의해 행해지는 것, 즉 인간의 회개와 회심에 달려 있기 때문이다. 따라서 인간을 향한 하나님의 태도가 사실상 하나님을 향한 인간의 태도에 좌우되게 된다. 이런 상황은 그리스도와 그리스도의 사역을 고려할 때도 다르지 않다. 그리스도 사역의 효과는 하나님께서 그리스도의 성품과 대표적 인간인 그리스도의 자리를 보시고, 인류에 대해 새롭고 더 희망적인 생각을 갖게 되신다는 것이다.

8

세 가지 유형

1. 결과

속죄 교리의 역사는 세 가지 유형의 견해가 차례로 등장한 역사다. 고전 개념은 그리스도교 자체와 함께 등장했고, 천 년 동안 지배적인 가르침이었다. 라틴 교리의 기원은 정확히 규명할 수 있다. 라틴 교리는 서방 신학에 속하고, 중세 서방에서 속죄에 관한 지배적인 교리 형태가 되었다. 루터는 고전 유형으로 돌아가서, 독특하게 힘주어 가르쳤으나, 종교개혁 이후의 신학은 다시 라틴 유형으로 돌아갔다. 이는 로마 교회와 개신교 교회 모두의 스콜라주의에 공통으로 나타난 현상이다.

우리는 일반적으로 받아들여진 도식과 어긋나는 몇 가지 흥미로운 연관성을 발견했다. 먼저 우리는 사도 시대의 가르침과 초기 교회의 가르침이 밀접하게 연결되어 있으며, 동시에 이 둘과 중세 스콜라 교리 사이에 간극이 생겼음을 보았다. 다음으로 루터가 신약성경뿐만 아니라 교부들과도 진정으로 연결되어 있음을 보았다. 그가 재생산한 속죄 교리가 교부들의 것이었다. 따라서 가톨릭이라는 단어를 진정한 의미로 쓴다면, 루터는 가톨릭^{보편교회} 전통에 속해 있는 것이다. 그다음으로 우리는 중세와 개신교 정통주의라는 두 스콜라 시대의 연관성을 보았지만, 이 연관성이 밀접하다고 과장해서는 안 된다. 개신교가 종교개혁의 오직 은혜 원칙과 사법적 속죄 교리를 통합하려고 했다는 사실이 근본적 부조화를 초래했기 때문이다.

고전 유형과 라틴 유형 사이에는 **직접적인** 논쟁이 상대적으로 거의 없었다. 여러 시대를 지나면서도 라틴 교리를 지지하는 사람들은 두 유형의 견해가 실제로 대립함을 거의 인식하지 못했다. 고전 개념이 진정으로 담고 있는 내용을 전혀 이해하지 못한 채, 라틴 교리에 적절하게 설명된 내용을 고대 당시에 표현하려 했으나 불완전했던 것으로 취급했다.

반면, 라틴 유형과 주관적 유형 사이의 논쟁은 처음부터 공공연하게 이루어졌다. 안셀무스가 라틴 이론을 최초로 완전하게 진술하자, 아벨라르두스의 비판이 바로 이어졌다. 그리고 계몽주의 신학자들이 이 논쟁을 본격적으로 재개했다. 그 이후로도 이 논쟁은 다양한 양상으로 계속되었고, 결국 두 경쟁 교리 사이의 소모전으로 귀결되어, 어느 쪽도 승리할 전망이 없는 상태가 되었다.

한편 고전 개념은 신학 영역에서 거의 사라지다시피 했다. 다른 두 유형만이 그리스도교 속죄 교리가 취할 수 있는 가능한 형태라는 생각이 일반적으로 전제되어 있었다. 그럼에도 이 고전 개념이 완전히 사라진 적은 없었다. 그리스도교의 고전적 신앙 공식에 너무 깊이 뿌리내리고 있어서 완전히 사라질 수 없었던 것이다. 그것은 때때로 영국의 웨슬리나 덴마크의 그룬트비 같은 이들의 찬송에 다시 등장했다. 심지어 신학에서도 라틴 교리의 엄격함을 완화하거나 주관적 가르침에 더 깊이를 주기 위해 고전 개념을 지향하는 에세이가 가끔 나오기도 했다.

하지만 최근 몇 년 동안 상황이 빠르게 변하고 있다. 오랜 논쟁 과정에서 두 경쟁 교리가 서로의 약점을 철저히 드러냈고, 이제 시간이 지날수록 이 두 교리 모두 과거에 속한다는 인식이 분명해지고 있다. 오늘날 신학 상황의 두드러진 특징은 거의 200년 동안 지배적이었던 인간 중심적 관점이 여러 방식과 다양한 측면에서 근본적으로 도전받고 있다는 점이다. 그 자리를 대체할 다른 무언가가 등장하고 있다. 우리는 이전 시대의 스콜라주의로 돌아가는 것을 보게 될 수도 있다. 이러한 경향은 소위 변증법적 신학에서, 개신교의 자유주의적 태도에 직접적으로 반대하는 칼 바르트의 《교의학》*Dogmatik*에서, 그리고 정도는 덜 하지만 E. 브룬너에게서[1] 볼 수 있다. 어쨌든 적어도 속죄 교리와 관련해서는 수 세기 동안 닫혀 있던 문이 열려서 고전 개념이 다시 전면에 등장할 수 있을 것으로 보인다. 그리고 현대 신학

---

[1]   Cf. 이 책 p. 129. *Der Mittler*가 어떤 점에서 고전 개념에 근접한 모습을 보이는 것도 사실이나, 브룬너는 그 관념을 완전 명확하게 이해하는 데까지는 거의 못 미친다.

문헌에서 고전 개념이 이미 큰 진전을 위한 힘을 발휘하고 있다는 조짐을 어렵지 않게 찾아볼 수 있을 것이다.

2. 세 유형에 대한 분석

(i) **구조**. 이제 우리는 세 가지 유형의 속죄 교리를 여러 각도에서 조사하면서 간략히 비교해 볼 것이다.

세 유형의 구조와 관련하여, 첫 두 유형은 앞서 제안한 방식으로 요약될 수 있다. 고전 유형은 신적 활동의 연속성을 보여 주고, 공로와 정의의 질서에 있어서는 불연속성을 보여 준다. 반면 라틴 유형은 이 두 측면에서 정반대다. 고전 유형에서 속죄 사역은 그리스도 안에서 하나님이 직접 성취하신 것이지만, 또한 동시에 수동적인 형태로도 표현된다. 즉, 하나님이 세상과 화해되신다. 능동과 수동의 교차는 우연이 아니다. 오로지 하나님께서 직접 세상을 자신과 화해시키시고 자신을 세상과 화해시키시기 때문에, 하나님이 화해되시는 것이다. 하나님 활동의 연속성을 보장하는 것은 이원론적 관점, 즉 인류를 속박하는 악에 대한 신적 전쟁 및 그리스도의 승리라는 관점이다. 그러나 이는 법적 질서에 관해서는 필연적으로 불연속성을 함의한다. 즉, 공로와 정의가 아니라 은혜의 관점에서 인간과 하나님의 관계를 보기 때문에, 하나님의 정의에 대한 만족이 없다.

라틴 유형에서는 법적 질서가 단절되지 않는다. 라틴 정신에 중요한 법정에서 가져온 이미지와 비유가 연속성 있게 사용된다. 이러한 비유는 고전 유형에도 사용될 수 있지만, 라틴 유형에서는 이러한 비유가 전체 개념을 지배하며, 정의에 위배되는 것을 상상할 수가 없다. 그리고 바로 이 지점에서, 요구된 만큼의 만족이 지불될 때 신적 활동의 연속성이 사라진다. 만족은 그리스도가 사람으로서, 죄인을 대신하여 죄 없는 사람으로서 드리는 것이기 때문이다. 동시에 속죄는 어떤 의미에서는 여전히 하나님의 사역이다. 하나님이 속죄를 계획하셨다고 여기기 때문이다. 따라서 라틴 교리는 인간에 대한 하나님의 태도에 어떤 변화를 요구하지 않는다. 물론 종종 하나님의 태도 변화에 대해 가르치기는 하지만 말이다.

세 번째 유형에서는 속죄가 더 이상 어떤 진정한 의미에서도 하나님이 수행하시는 것으로 간주되지 않는다. 오히려 화해는 회심과 개심 같은 인간 안에서 일어나는 어떤 과정의 결과다. 이와 관련하여 그리스도가 언급된다면, 그리스도의 사역은 더 이상 인간의 구원을 위한 하나님의 사역으로 생각되지 않는다. 그 대신 그리스도는 완벽한 모범, 이상적 인간, 인류의 머리시다. 그리스도의 사역이 하나님과 인간의 관계에 영향을 미칠 수 있다면, 그것은 주로 하나님께서 이제 인류를 새로운 관점에서 바라보신다는 점에 있다. 따라서 이 경우에도, 이는 하나님이 인간에게 다가가시는 것이 아니라 인간이 아래에서 위로 하나님께 다가가는 문제다.

(ii) **죄 개념**. 다음으로 죄 개념을 살펴보겠다. 고전 유형은 죄를 인간 뒤에 서 있는 객관적인 세력으로 간주하고, 속죄를 죄, 죽음, 마귀

에 대한 하나님의 승리로 본다. 따라서 이 유형은 죄를 비인격적인 힘으로 취급하여, 하나님의 사역과 인간 영혼 사이의 직접적인 관계에 관한 생각을 약화하는 것으로 보일지도 모른다. 하나님의 승리가 이 객관적인 악의 세력에 대한 승리이기 때문이다. 반면, 라틴 유형은 이 원론적 관점을 버리고 더 이상 죄를 객관적 세력으로 언급하지 않는다. 라틴 유형은 실제로 하나님과 인간 사이에 직접적이고 인격적인 관계에 관한 생각을 제공하고, 동시에 죄에 대한 더 깊은 감각을 제공하는 것으로 보일 수 있다. "당신은 아직 죄의 무게를 충분히 고려하지 않았다"라는 안셀무스의 말과, 죄에 대한 만족은 하나님의 정의에 대해 이루어져야 한다는 그의 요구가 이를 잘 보여 주는 듯하다.

라틴 교리가 죄의 중대성을 강조하려는 의도가 있다는 데는 이견이 없을 것이다. 하지만 그러한 의도가 성공적인지는 또 다른 문제다. 이 교리가 자라난 기반인 참회 제도가 본질적으로 도덕주의적이라는 점과, 중세 스콜라주의가 이러한 도덕주의에서 결코 벗어나지 못했다는 점을 고려하면, 의구심이 생긴다. 더욱이 결정적인 지점에서 라틴 교리는 죄에 대한 실체화된 관점을 포함하고 있다는 것이 명백해진다. 즉, 인간의 잘못에 대해 그리스도께서 이루신 만족의 공로가 인간에게로 옮겨지거나 전가된다고 간주한다. 여기서 분명 하나님과 죄인 사이의 직접적이고 인격적인 관계가 흐릿해진다. 또한 만족이라는 개념 자체가 인간에 대한 하나님의 요구를 완전히 직시하고 있지 않음을 보여 준다. 하나님의 정의가 죄에 대한 배상 지불이나 죄에 대한 형벌 감당으로 만족된다고 여겨질 수 있는 한, 인간에 대한 하나님의 인격적인 요구는 적절히 표현되지 않으며, 죄 개념 자체도 완전히 인격적인 의미로 볼 수 없다. 루터와 비교하면 특히 시사하는 바가 크다. 루터는 죄를 또다시 객관적인 세력으로 취급한다. 그러면서 동시에 인간에 대한 하나님의 요구는 매우 영적으로 그려져서 어떤 법에 대한 순종으로 요약될 수 없다. 라틴 만족 개념이 불가능해진다. 죄 개념이 완전히 인격적인 것으로 나타나는 곳이 있다면, 바로 여기다. 결론적으로 죄를 가장 객관적으로 보는 관점이 결국 우리에게 가장 깊고 인격적인 죄 개념을 제공한다.

세 유형 중 세 번째 유형에서는 죄 개념이 완전히 약해진 게 분명하다. 이는 죄를 단순히 결함 정도로 간주했던 계몽주의 신학뿐만 아니라, 일반적으로 자유주의 신학에서도 마찬가지다. 속죄 과정에 대한 인간 중심적 해석은 이 신학이 악에 대한 하나님의 철저한 적대성과 죄에 대한 하나님의 심판을 고수하지 않은 데서 비롯된다.[2]

---

2 인간 중심적 신학은 인간을 '상위' 본성과 '하위' 본성으로 나눈다. 이 신학은 '하위' 본성에서 죄의 자리를 찾고, '상위' 본성은 점차 신성으로 변해간다고 여긴다. 이와 대조적으로, 신약성경과 루터는 죄의 뿌리를 인간 존재의 중심에서, 즉 자신에게 유리한 것이나 자아의 완전함을 인생의 목표로 삼는 개인의 이기심에서 찾는다. 바울에게 '육'과 '영'의 대비(예: 로마서 8:5 이하)는 인간의 '하위' 본성과 '상위' 본성의 대비가 아니라, 자신을 위해 살고 육신과 마음의 욕망을 따라 행하는 자연적 인간의 자기중심성과 하나님의 영의 지배 아래 있는 사람들의 삶에 주어진 새로운 방향 사이의 대비다. 마찬가지로 루터는, 자연적 인간은 자기 안으로 굽어(incurvatus in se) 있지만, 신앙은 우리를 우리 밖으로 끌어내어 우리를 우리 바깥에 둔다(rapit nos a nobis et ponit nos extra nos)고 말한다. 그리고 라틴식 견해는 속죄를 주로 죄에 대한 **형벌**의 면제로 여기는 반면, 고전 개념은 주로 형벌을 비롯한 죄의 결과에 주목하지 않고, 죄 자체에 주목한다. 그리스도께서 이기시고 멸하신 것은 바로 죄 자체이며, 인간이 자유롭게 되는 해방은 죄 자체의 권세로부터의 해방이다.

그러나 우리는 죄 개념과 관련하여 고전 유형과 라틴 유형의 대비를 더 탐구해야 한다. 고전 개념은 분명 더 넓은 범위를 갖는다. 라틴 교리가 죄와 그에 따른 죄책에 집중하는 반면, 고전 개념은 죄를 일련의 악의 권세들─죽음, 마귀, 율법, 저주─과 묶는다. 특히 죄와 죽음을 제일 많이 지속적으로 묶는다. 우리는, 이러한 죽음으로부터의 구출 사상을 근거로 이 관점에서는 구원 개념 전체가 단지 '육체·물리적'이라고, 혹은 '본성주의적'이라고 보는 것이 얼마나 부당한지 살펴보았다. 실제 의미는 전혀 다르다. 만일 구원이 죽음과 죄 모두로부터의 구출이자 생명으로의 진입이라면, 이는 그 자체로 죄 개념을 도덕주의적 수준으로 격하하거나 죄 용서 개념을 순전히 형벌 면제 수준으로 격하하는 것을 막는 역할을 한다.

따라서 구원이 부정적으로가 아니라 긍정적으로 간주된다. 고전 개념이 지배적인 곳에서는, 실제 사용되는 용어가 죄 용서든, 하나님과의 연합이든, 인간 본성의 신화든, 아니면 다른 무엇이든 간에 항상 긍정적이다. 반면 라틴 교리에서는 자연스럽게 용서를 부정적으로 간주하는 경향이 있다. 이는 그리스도가 이루신 만족의 결과로 인간이 받아야 할 형벌이 면제되기 때문이다. 이러한 대조는 트뢸치를 비롯한 이들이 루터를 비판하며, 그의 종교가 그저 참회하는 죄인에게 주는 위로로만 구성되어 있다고 주장한 것이 얼마나 부당한지 분명하게 보여 준다. 이러한 비판의 근본적 오류는 용서를 부정적인 것으로 개념화한 데 있다. 반면 루터는 항상 강력하게 긍정적이다. 루터는 구원이라는 선물을 설명하는 데 지친 기색이 없다. 그는 인간 본성의 '신화'라는 옛 교부들의 언어에 이르기까지, 어느 정도 의미가 유사한 용어를 전부 사용하여 구원을 설명한다. 따라서 루터가 《소교리문답》에서 하나님의 선물을 "죄 용서, 생명, 복"으로 요약한 것은 결코 우발적인 것이 아니다. 이는 고전 속죄 개념 특유의 긍정적 관점을 직접적으로 표현한 것이다. 그리스도께서 인류를 속박하는 폭군들을 이기실 때, 그분의 승리는 신적인 복, 칭의, 은혜, 생명을 가져온다. 승리의 선율이 울려 퍼진다.

(iii) **구원**. 다음으로 살펴볼 주제는 구원 개념이다. 구원은 인간이 하나님과 맺는 새로운 관계를 기술하는 포괄적 용어로 이해될 수 있다. 우리는 이 개념을 부분적으로 다루었다. 고전 구원 개념은 그리스도께서 단번에 이루신 승리가 성령의 사역을 통해 계속되며 그 열매를 거두는 것이다. 교부들의 구원 개념도 그러했고, 루터의 구원 개념도 그러했지만, 루터의 특징은 완성된 사역과 계속되는 사역이 이전보다 훨씬 더 밀접하게 연결된다는 점이다. 악의 세력에 대한 그리스도의 승리는 영원한 승리이므로, 과거의 승리일 뿐만 아니라 현재의 승리다. 따라서 칭의와 속죄는 실제로 하나이며 같은 것이다. 칭의는 단순히 현재로 가져온 속죄다. 그래서 지금 여기서 하나님의 복이 저주를 이긴다. 따라서 우리를 대신하신 그리스도Christus pro nobis와 우리 안에 계신 그리스도Christus in nobis 중 무엇이 더 강조되는지 논쟁하는 것은 무의미하다. 그리스도로 인하여propter Christum와 그리스도를 통하여per Christum에 대해서도 마찬가지다. 이 둘은 서로 다른 것이 아니라, 같은 것의 양면이기 때문이다. 둘 다 똑같이 필수적이다.

반면, 라틴 교리는 비교적 느슨하게 연결된 일련의 행위를 제시한다. 실제 속죄는 그리스도께서 만족을 드리시고 하나님께서 이를 받으시는 것으로 구성된다. 인간은 그리스도께서 그들의 대표자로 계신 점을 제외하면 이 행위에 전혀 관여하지 않는다. 칭의는 두 번째 행위로, 여기서 하나님은 그리스도의 공로를 인간에게 옮기시거나 전가하신다. 여기서도 그리스도와 인간 사이에 직접적인 관계는 없다. 다음으로 성화가 세 번째 행위로 나타나며, 이는 앞선 두 행위와 유기적으로 연결되지 않는다.

'주관적' 유형은 라틴 교리에 대한 반작용으로, 라틴 교리를 배경에 놓고 보아야 한다. 라틴 교리에서 그리스도와 사람 사이에 직접적 관계가 없음을 관찰한 결과, 그리스도의 모습에서 실제로 인간에게 영향을 미치는 특징을 심리학적 측면에서 보여 주려는 노력이 일어났다. 이에 따라 그리스도는 완벽한 모범, 이상적 인간, 인간의 완전함의 실현으로 제시된다. 그러나 그 결과 구원 과정에서 하나님의 역할은 부차적인 것이 된다. 이 유형에서 중요한 것은 그리스도의 영향력을 통해 거의 직접적으로 인간에게 일어나는 변화다. 그런 까닭에 슐라이어마허와 리츨의 신학 체계에서 속죄 개념이 핵심 자리에서 밀려나서, 이 단어가 조화, 마음의 평화, 자기실현으로 특징지어지는 세상을 향한 새로운 태도를 의미하게 된 것은 자연스러운 일이었다.

(iv) **그리스도와 성육신.** 우리는 고전 속죄 개념을 연구하면서, 성육신과 속죄 사이의 밀접하고 불가분한 연결성을 여러 차례 언급했다. 이러한 연결성은 그리스도의 구속 사역을 직접 염두에 두고 그

리스도론 공식을 발전시킨 초기 교회의 특징이듯, 루터의 특징이기도 하다. 그리스도의 싸움과 승리는 하나님 자신의 싸움이자 승리다. 그리스도 안에서 세상을 자신과 화해시키시는 분은 하나님이다. 성육신은 속죄의 필수 전제이며, 속죄는 성육신의 완성이다.

이는 우리가 여기서 가현설 그리스도론을 이야기한다는 의미가 결코 아니다. 가현설 그리스도론은 그리스도의 참된 인성을 공정히 다루지 않는다. 교부 신학이 성자를 성부와 분리하여 성자를 중간적 존재나 둘째 하나님^{δεύτερος θεός} 삼기를 거부했듯이, 성육신을 신의 현현으로 해석하는 것도 거부했기 때문이다. **그리스도의 참된 인성은 완전히 강조된다.** 그러나 그렇다고 해서 그리스도의 구속 사역이 순전히 인간으로서 수행한 사역으로 여겨진다거나, 신성과 인성의 결합을 통해 구속 사역의 가치가 커진다는 의미는 아니다. 오히려 이는 사람이신 그리스도 안에서 하나님께서 자신의 본질을 드러내시고 구출과 속죄 사역을 수행하신다는 설명이다.

성육신과 속죄의 밀접한 연결성은 루터의 신학에서 다시 나타난다. 다만 성육신에 대한 본성주의적 해석이 모양조차 나타나지 않도록, 이 개념의 종교적 성격을 가능한 한 훨씬 더 분명하게 했다. 그리스도의 신성과 관련하여 루터가 의미한 바를 오해하는 것은 불가능하다. 루터가 볼 때 하나님의 전능하심만이 그리스도께서 하신 일을 이룰 수 있는, 즉 죄, 죽음, 저주를 이길 수 있는 유일한 힘이다. 하나님의 생명, 의로움, 복은 '멸시받는 사람 그리스도' 안에 능력으로 현존한다.

그러나 라틴 유형은 성육신과 속죄의 관계에 대한 이 명확한 개념을 놓치고 있다. 왜냐하면 하나님이 더 이상 속죄 사역의 직접적 행위자가 아니시기 때문이다. 그리스도는 인간으로서 인간을 대신하여 속죄를 이루신다. 그 이유는 성육신이 아타나시우스 시대와 달리 더 이상 살아 있는 교리가 아니었기 때문이다. 성육신은 과거로부터 물려받은 옛 유산이 되었고, 신중히 지켜야 하겠지만, 완전히 이해하기는 어려운 것이었다. '왜 하나님은 인간이 되셨는가?'라는 물음에 대한 안셀무스의 답변은 이레네우스와 루터의 답변만큼 명료하고 간단하지 않다. 그리고 루터교 정통주의의 답변은 라틴 교리에 필연적으로 수반되는 두 본성 교리의 어려움을 극복하려고 시도하면서 더 불분명해졌다.

주관적 유형은 라틴 교리가 들어선 길에서 한 걸음 더 나아갔다고 할 수 있다. 라틴 교리는 속죄 사역이 그리스도의 인성으로 이루어졌음을 강조했다. 이제 이 강조는 전적인 강조가 되어, 그리스도를 단순히 모범적 인간으로 간주한다. 물론 이러한 자유주의 신학자들이 역사적 예수로서 그리스도의 참된 인성을 유지하려는 노력에 대해 충분히 평가하는 것은 중요하다. 왜냐하면 그들의 반대편에 있는 정통주의자들은 그리스도의 참된 인성을 충분히 제대로 다루지 않고, 사실상 성육신을 가현설적 의미로, 즉 신의 현현으로 해석하는 경향이 있었기 때문이다. 그러나 이 칭찬할 만한 노력은 불완전하게 수행되었다. 그들의 가르침이 제시한 그리스도는 독특하게 추상화된 비현실적인 그리스도였고, 이상화된 인간성을 지닌 존재였고, 실상 하나님과 인류 사이에서 일종의 중간적 존재가 되었기 때문이다. 동시에 성육신은 더 이상 그들의 가르침에서 중요한 자리를 차지하지 않게 되었다. 이런 유형을 주장하는 잉글랜드 신학자들 사이에서 성육신은 니케아적 의미보다 반†아리우스적 의미로 해석된다. 하나님이 그리스도 안에서 인간을 구속하신다기보다, 가장 고귀한 인간이 신의 계시라는 관점이다. 대륙 자유주의 신학자들 사이에서 하나님은 기껏해야 그리스도가 하는 일의 궁극적 원인일 뿐이다. 혹은 그리스도를 통해 하나님이 인류를 새로운 관점에서 보신다는 것이다. 어느 경우든 속죄는 실질적인 의미에서 하나님의 사역이 아니다.

(v) **하나님 관념**. 이는 마지막 주제이자 가장 근본적인 주제인 하나님 관념으로 이어진다. 고전 유형에서 하나님 개념은 이중의 상반성을 보여 준다. 첫째, 하나님께서 역사 무대에서 악과 싸움하시는 가운데 나타나신다는 것이다. 여기에는 강한 이원론적 관점이 있다. 그러나 동시에 하나님은 만유의 통치자이자 주권자시다. 여기서 이원론은 궁극적일 수 없다. 둘째, 속죄는 인간을 속박하는 권세들에 대한 하나님의 승리로 제시된다. 그러나 동시에 이러한 권세들은 다소간 하나님이 죄에 대해 심판을 집행하시는 도구이기도 하다. 이러한 상반성은 하나님의 사랑과 하나님의 진노 사이의 긴장에서 절정에 이른다. 그러나 여기서 해결책은 이성적으로 어떻게 매듭지음으로써 찾을 수 있는 것이 아니다. 오히려 하나님의 사랑이 진노를 이기고, 복이 저주를 이기는 것은 하나님의 자기봉헌과 희생을 통해 이루어진다. 그리스도의 구속 사역은 속죄가 하나님께서 얼마나 큰

'비용을 치르신' 것인지 보여 준다.

라틴 유형에서도 동일한 상반성을 엿볼 수 있지만, 그 형태는 덜 격렬하다. 추상적인 '응보적 정의'가 인격적인 '진노'를 대신하기 때문이다. 그래서 마치 하나님이 더 멀리 계신 것처럼 느껴진다. 여기서 이율배반에 대한 해결책은 이성적 절충이라고 부를 만하다. 하나님의 정의가 인간의 불이행에 대해 배상받아서, 하나님의 자비가 자유롭게 작용할 수 있게 되기 때문이다.

세 번째 유형에서는 이러한 상반성이 사라졌다. 그 의도는 변하지 않는 사랑을 특징으로 하는 '순화된', '단순한' 하나님 관념을 제시하는 것이다. 하지만 이러한 단순성은 하나님 사랑이 악에 대해 갖는 적대성을 흐리게 하는 대가로 얻은 것이다. 하나님의 사랑 개념은 인간화되었고, 동시에 다소 뻔하고 상투적인 것으로 변했다.

이는 다섯 논점 중 첫 번째인 세 가르침 유형의 구조로 다시 이어진다. 고전 유형은 속죄를 **인간을 향한 하나님의 움직임**으로 제시했고, 하나님이 인간을 구출하는 사역에 밀접하고도 인격적으로 관여하시는 모습을 보여 주었다. 라틴 유형에서는 하나님이 더 멀리 계신 것으로 보인다. 왜냐하면 만족이 그리스도의 인격 안에서 사람이 하나님께 지불한 것이기 때문이다. 셋째 유형에서는 하나님이 훨씬 더 멀리 떨어져 계신다. 하나님과 관련해서는 속죄가 필요하지 않고, 모든 강조점이 **하나님을 향한 인간의 움직임**에, 즉 인간 세상에서 이루어지는 일에 있다. 다시 말해, 인간에게 다가가시는 하나님의 길이라는 그리스도교의 본질적 개념이 고전 유형에서는 지배적이었으나, 라틴 유형에서는 약해졌고, 주관적 유형에서는 그 핵심 사상이 일관되게 펼쳐질수록 점점 사라졌다.

3. 합리적 이론의 가능성

이제 나는 보다 형식적인 성격에 대한 비교를 추가로 제시할 것이다. 이러한 형식의 관점에서 보면 고전 유형은 홀로 서 있으며 다른 두 유형과 대조된다. 고전 유형은 상반되는 개념들의 대립으로 특징지어지며, 합리적 체계화에 저항한다. 반면 다른 두 유형은 신학적 노선 또는 심리적 노선을 따라 이율배반에 대한 합리적 해결책을 찾는다.

우리는 고전적 유형에서 상반되는 개념들을 끊임없이 목격했다. 그것들은 모든 지점에서 우리 앞에 나타났으며, 문제를 더 완전히 더 깊게 직면할수록 모순이 더 심해지는 것을 보았다. 우리는 루터에게서 이러한 모순이 가장 극심해지는 것을 발견했다. 그러나 고전 유형이 나오는 곳에는 어디든 이러한 모순이 있다. 하나님은 모든 것을 통치하시면서 동시에 악의 세력과 싸우고 계신다. 이러한 세력은 악한 세력인 동시에, 죄에 대한 하나님의 심판 집행자다. 하나님은 화해시키시는 분인 동시에 화해되시는 분이다. 하나님은 사랑이시며 진노이시다. 사랑은 진노를 이기지만, 동시에 사랑은 죄에 대한 절대적인 정죄를 포함한다. 이 사랑은 무한하고, 헤아릴 수 없으며, 이성과 법을 거슬러contra rationem et legem 행동하고, 하나님의 정의에 대한 만족도 인간의 공로에 대한 고려도 없이 인간을 의롭게 하신다. 동시에 인간에 대한 하나님의 요구는 극도로 엄격하다.[3]

이러한 생각을 순전히 합리적인 체계에 억지로 끼워 맞추려는 시도는 모두 실패할 수밖에 없다. 성공하려면 여기서 종교적 깊이를 덜어내야만 하기 때문이다. 신학은 양립할 수 없어 보이는 상반된 것들의 조합 가운데 기동하며 존재하기 때문이다. 우리는 교부 시대의 논쟁에서, 신학을 사변적 형이상학이나 이상주의적 철학으로 변형하려는 당시 경향들에 대해 성육신과 구속 교리가 어떻게 굳건한 울타리 역할을 했는지 본다. 이러한 그리스도교 신학의 구조는 루터에게서 더욱 명확하게 드러난다. 루터 신학은 모든 지점에서 합리적 스콜라주의를 거부하는 데 강점이 있다. 그에게 계시의 하나님(Deus revelatus)은 이성의 하나님과 조금도 동일시될 수 없는 분이다. 이 점은 드러내신 하나님Deus revelatus이 또한 인간의 사유 범주로는 파악될 수 없는 숨어계신 하나님Deus absconditus이심을 보게 될 때 가장 명확해진다.

---

3 이것들은 논리적 모순이 아니다. 예를 들어, 루터가 그리스도인을 의인이면서 동시에 죄인(simul justus et peccator)이라고 할 때, 그 의미는 그리스도인에게 죄가 없으면서 동시에 동일한 의미로 죄가 있다는 것이 아니다. 이는 두 가지 다른 원리가 그리스도인 안에 함께 있음을 의미하며, 따라서 그리스도인을 두 가지 측면에서 볼 수 있다는 것이다. 그리스도인은 한편으로 하나님의 자녀이며, 하나님께 대하여 살아 있고, 의롭게 된 자로 여겨질 수 있다. 다른 한편으로 그리스도인은 이러한 신적인 부르심에 합당하지 않다. 그리고 그리스도인은 하나님의 부르심을 더 깊이 인식할수록, 자신의 죄를 더욱 의식하게 된다. 루터의 말을 다시 인용하자면, 사람이 경건할수록 그 싸움을 더 많이 느낀다(Quo quisque magis pius est, eo plus sentit illam pugnam).

그러나 라틴 교리는 완전히 다른 구조로 되어 있다. 라틴 교리는 하나님의 사랑과 하나님의 정의가 어떻게 화해될 수 있는지를 합리적으로 설명하려 하는 데 노력을 집중한다. 하나님의 사랑은 하나님의 정의에 의해 규제되며, 정의가 정한 한계 내에서만 자유롭게 작용할 수 있다. 이성Ratio과 법Lex, 곧 합리성과 정의는 함께 간다. 그러나 루터가 그리스도교 신앙의 문제에서 최종 결정의 요소로 인정하기를 거부한 것이 바로 이 둘이었다. 이는 단지 스콜라 신학이 변증법적이고 합리적인 기초 위에 세워졌다는 것뿐만 아니라, 더 나아가 그리스도교 신앙의 핵심 문제들에서 변증법적 방법에 최종 발언권을 준다는 것을 문제 삼은 것이다. 스콜라 신학자들이 시도한 것은 하나님의 세상 통치를 포괄적으로 설명해 낼 정교한 신학을 만드는 것이었다. 이 세상뿐만 아니라 다가올 세상에 대한 모든 질문에 답하고 모든 수수께끼를 해결하고자 했다.

속죄에 관한 '주관적' 견해의 배경인 자유주의 개신교의 인간화 신학은 여러 면에서 스콜라 신학에 도전을 가하며 대립했지만, 합리성의 이상은 완전히 수용했다. 속죄를 다룰 때도 고전 유형이 풍부하게 담고 있는 모든 대립들을 제거하고, 모든 것을 이성적으로 분명하게 만들었다. 심지어 하나님의 사랑조차도 합리적인 게 된다. 또한 이러한 인간화 신학은 처음부터 끝까지 이상주의적 철학이 깊이 스며들어 있고, 일원론적이고 진화적인 세계관에 비추어 그리스도교 신앙을 해석하려 한다. 형이상학을 배격한다고 공언한 리츨과 그의 추종자들도 마찬가지다. 그들 역시 신학을 합리적 세계관 형태에 억지로 끼워 맞추었기 때문이다. 보편 구원론의 인기가 보여 주듯이, 그들은 이러한 합리적 세계관으로 다가올 세상까지 아울러서 설명하고자 했다.

이러한 고찰은 고전 속죄 개념이 왜 억압받고 경멸적으로 다루어졌는지에 대한 마지막 이유를 명확히 하는 데 유용할 것이다.[4] 신학이 모든 것을 완전히 합리적으로 설명하려는 목표를 세울 때, 고전 개념을 제쳐둘 수밖에 없다는 것은 너무 명백하다. 고전 개념은 수많은 모순을 담고 있으며, 진리를 표현하려 했던 조야하고 원시적인 단계로 여겨지기에, 더 정확하고 적절한 형태로 대체될 수밖에 없다.

마지막으로, 내가 사용한 용어에 주의를 환기시키고자 한다. 나는 일관성 있게 고전 속죄 **개념** idea이라는 표현을 사용하려 했다. 결코 그 고전 **이론**이라고, 혹은 하나의 고전 **이론**이라고도 말하지 않았다. **이론**이라는 단어는 라틴 유형과 '주관적' 유형에만 할애했고, 대개 **교리**라는 단어에 대해서도 그랬다. 왜냐하면 고전 속죄 개념은 다른 두 가지 유형처럼 완결되고 마무리된 신학 **교리**로 제시된 적이 없기 때문이다. 고전 속죄 개념은 항상 하나의 개념, **모티프**, 주제였고, 다양한 변주로 표현되어 왔다. 물론 그렇다고 해서 실제로 고전 개념의 윤곽이 명확하지 않다는 말은 아니다. 오히려 완전히 명확하고 모호하지 않다. 하지만 합리적 이론의 형태를 띤 적은 없다.

---

4   Cf. Rashdall, *The Idea of Atonement in Christian Theology*, p. 399: "그들(스콜라주의자들) 중 누구도 루터처럼 하나님이 주신 이성의 선물을 모독하지 않았다. 철학과 합리적 신학은 루터가 자신에게 무용했다고 터놓고 고백한 것들이다."

따라서 고전 개념 자체와 고전 개념이 표현된 형식들을 구분하는 것이 무엇보다 중요하다. 이 개념을 담고 있는 일부 형식들은 실제로 도발적이었고, 이 개념에 혹독한 비난이 가해진 주요 원인이었다. 교부들과 루터는 조야하고 실재론적인 이미지를 사용했다. 이런 이미지들이 속죄에 관한 신학적 해명으로 진지하게 의도된 것처럼 해석될 때 혐오감을 불러일으키는 것은 당연한 일이다. 그러나 이는 핵심을 놓치는 일이다. 이러한 이미지들은 이 개념이 대중적으로 이해되도록 도움을 줄 뿐이다. 중요한 것은 개념 자체다.

* * * * *

이 책에서 나의 목표는 변증적인 것이 아니라, 시종일관 역사적인 것이었다. 나는 속죄라는 주제와 관련하여 역사 속에 등장한 다양한 유형의 가르침의 본질을 명확히 하고자 최선을 다해 노력했다. 특히 내가 고전 개념이라고 부른 유형의 가르침이 심각하게 오해되기도 하고 소홀히 다루어지기도 했기 때문에, 그 가르침의 실제 성격을 바로잡고자 노력했다. 또한 이 개념이 그리스도교 사상사에서 실제로 차지해 온 자리가 얼마나 중요한지 보여 주고자 노력했다. 나는 고전 개념에 대한 변증을 쓸 의도가 전혀 없었다. 만일 나의 설명이 고전 개념의 정당성을 입증하려는 모양새를 취했다면, 그것은 사실 자체가 그런 방향을 가리키기 때문이라고 변명하고 싶다. 왜냐하면 고전 개념이 그리스도교 자체와 함께 등장했다는 점은 거의 부정하기 어렵고, 그 이유만으로도 라틴 유형이나 주관적 유형의 가르침은 할 수 없는 주장, 즉 가장 진정으로 그리스도교적인 것을 구현한다는 주장을 할 수 있기 때문이다.

결론적으로 하나 덧붙이자면, 고전 속죄 개념이 그리스도교 신학에서 다시금 중심적인 위치를 차지하게 된다면, 과거에 사용했던 표현 형식과 완전히 똑같은 형식으로 돌아갈 가능성은 없다. 고전 속죄 개념의 부활은 단순히 시계를 거꾸로 돌리는 것이 아니다. 본질적으로 동일하게 유지될 것은 개념 자체다. 즉, 속죄는 무엇보다도 인간을 향한 하나님의 움직임이지, 애초에 하나님을 향한 인간의 움직임이 아니라는 생각이 근본 개념이다. 우리는 이 개념의 엄청난 역설을 다시 듣게 될 것이다. 모든 것을 다스리시는 하나님, 무한하신 분께서 성육신의 낮아지심을 받아들이셨다는 엄청난 역설을 말이다. 그리고 하나님께서 어둡고 적대적인 악의 세력들과 싸우셨고, 이 세력들을 하나님의 자기희생으로 이기셨다는 오래된 실재론적 메시지를 다시 듣게 될 것이다. 그리고 무엇보다도 우리는 승리의 선율을 다시 듣게 될 것이다.

내 개인적인 생각을 말하자면, 세상에 존재하는 악의 실재를 꾸준히 직시하면서 승전가로 그 악에 맞설 수 있는 형태가 아니라면, 그리스도교의 가르침에는 미래가 없다고 생각한다. 따라서 나는 고전 속죄 개념과 고전 그리스도교 개념이—원래의 진정한 그리스도교 신앙이—다시 돌아올 것이라고 본다.

찾아보기

※ 찾아보기에 병기한 단어의 어형은 원문과 다를 수 있다. 예컨대 원문의 'deliver'와 'deliverance'를 찾아보기에서는 모두 'deliverance'로 병기했다.